Margaret Minker: Der Mondring

Feste und Geschenke
zur ersten Menstruation

Deutscher
Taschenbuch
Verlag

dtv

Von Margaret Minker sind
im Deutschen Taschenbuch Verlag erschienen:
Naturheilkunde. Das Handbuch für Frauen (36011)
Hormone und Psyche. Frauen im Wechselbad der Gefühle (36533)

Originalausgabe
März 1996
2. Auflage November 1996

Umschlaggestaltung: Klaus Meyer, Anne Marie Petzi
Umschlagfoto: Wilfried Petzi
Gesamtherstellung: C. H. Beck'sche Buchdruckerei, Nördlingen
Printed in Germany · ISBN 3-423-36528-5

»Es war in früher Zeit. Ein Mädchen saß unter einem Kath-Strauch und kaute Kath-Blätter. Als sie so dasaß und kaute, setzte plötzlich ihre Menstruation ein. Das Blut tropfte auf die Erde, aber auch auf die Kath-Blätter. Sie aß ein Blatt mit ihrem Menstruationsblut. Davon wurde sie schwanger. Sie bekam ein Kind, den ersten Menschen. Von dieser Zeit an sind die Menschen auf der Erde.«

Südäthiopischer Schöpfungsmythos,
aufgezeichnet von Gunter Minker
am 2. 6. 1974 in Gollango

Dieses Buch widme ich Charlotte aus Erlangen,
die am 25. Oktober 1995 von ihren Eltern
den allerersten Mondring bekam.

Inhalt

1. Kapitel: Die Glücksbringerin – Eine Zukunftsvision

Charlotte ist zwölf Jahre alt – ein aufgewecktes, fröhliches Mädchen mit langen dunklen Haaren und flinken Beinen, das beim Schulsport zu den Besten gehört. Jeden Nachmittag trainiert sie für das große Sportfest, das in den nächsten Tagen stattfindet und bei dem sie ihrem Staffellaufteam zum Sieg verhelfen soll: Dieses Mal müssen sie es einfach schaffen, die Goldmedaille zu erringen und das Team der Nachbarschule auf den zweiten Platz zu verweisen.

Seit zwei oder drei Tagen allerdings fühlt sich Charlotte etwas anders als sonst. Sie ist unruhiger als gewöhnlich – aber das liegt bestimmt am Lampenfieber vor dem großen Ereignis! –, und sie spürt manchmal ein seltsames Ziehen und Ziepen im Unterbauch, als ob ein kleiner Vogel darin säße, der ab und zu von einem Bein aufs andere hüpft. Charlotte achtet nicht weiter darauf, denn ihr voller Tagesplan mit Schule, Training, Hausaufgaben und dem Saxophonunterricht bei ihrer großen Schwester Sibylle, die in einer Jazzband spielt, läßt ihr kaum Zeit zur Besinnung.

Als sie jedoch heute nach dem Training in der weißgekachelten Dusche steht, sieht sie auf einmal, wie sich das Duschwasser unter ihr ganz zart hellrot färbt. Verwundert beugt sie sich herunter, um genauer hinzusehen: Hat sie sich etwa am Bein verletzt? Aber da ist keine Wunde zu entdecken. Charlotte stutzt: Es wird doch nicht…? Ja, tatsächlich, ein paar leuchtendrote Tropfen Blut fallen zwischen ihren Beinen zu Boden und verschwinden im Wasserstrudel. Charlottes Gesicht hellt sich auf. Eilends dreht sie die Dusche ab und wickelt sich in ihr Badetuch. Das nasse Haar fällt ihr über die Schulter, als sie aufgeregt in ihrer Schultasche kramt. Da ist ja das Päckchen, das sie seit Monaten schon mit sich herumträgt! Charlotte reißt die Hülle auf, zieht eine der hübschen, mit poppigen Mustern bedruckten dünnen Zellstoffbinden heraus und klemmt sie sich zwischen die Beine. Dann stakst sie in den Vorraum, steckt eine Münze in den Apparat, der dort – wie in jedem öffentlichen Waschraum für Mädchen und Frauen – an der Wand hängt, und wählt eine Taste. Klick, fällt ein weiteres schmales Päckchen heraus, auf dessen Umschlag in großen Buchstaben die Worte gedruckt sind: ALLES GUTE! Sie öffnet es und holt den bunten Baumwollslip in Größe 3 hervor, der im Schritt mit einer Schutzschicht aus speziell für diesen Zweck entwickelten Naturfasern und zwei praktischen, flachen Clips versehen ist.

Mit geübten Fingern, denn ihre Mutter hat ihr das schon ein paarmal gezeigt, befestigt Charlotte die Binde im Slip, zieht ihren weißen Jogginganzug über und beeilt sich, ihre Haare trockenzurubbeln. Das muß sie sofort ihrer Familie erzählen: Sie hat ihre erste Menstruation!

Auch ihre Sportkameradinnen sind inzwischen mit dem Duschen fertig und scharen sich neugierig um sie, als sie Charlottes strahlendes Gesicht sehen. »Stellt euch vor, was passiert ist – ich habe meine Menarche!« Die Mädchen lachen begeistert und umarmen sie der Reihe nach. »Willkommen in der Frauenwelt«, ruft Brigitte, mit knapp vierzehn die Älteste im Team und schon seit mehr als zwei Jahren im Monatszyklus. »Na, und wann steigt dein Fest?«

»Wahrscheinlich am Samstag«, antwortet Charlotte, »morgen sag' ich euch allen Bescheid!«

»Das ist gut«, nickt Brigitte, »da haben wir auch das Sportfest schon hinter uns. Deine Menarche bringt uns bestimmt Glück, und dann können wir gleich doppelt feiern!«

Auf dem Heimweg im Bus spürt Charlotte wieder dieses seltsame Ziehen im Bauch. Jetzt weiß sie auch, woher das kommt: Ihre Gebärmutter, dieser kleine Hohlmuskel in ihrem Unterleib, hat zu arbeiten angefangen, und mit ihr die beiden Eierstöcke links und rechts davon. Wenn die Zeit reif ist, hat sie im Biologieunterricht gelernt, fangen diese Organe an, weibliche Hormone zu produzieren, die mit dem Blutkreislauf zur Gebärmutter gelangen. Unter ihrem Einfluß baut sich dort, an der inneren Wand, allmählich eine zarte Gewebeschicht auf, die immer dicker wird: das allererste »Nest« für ein Baby, das sich jedoch wieder auflöst, wenn keine Befruchtung stattgefunden hat.

Charlotte wird es ganz seltsam zumute: Kinderkriegen – das scheint ihr noch furchtbar weit weg zu sein. Schließlich ist sie erst zwölf und selbst noch ein Kind! Naja, fast, korrigiert sie sich; immerhin sind ihr in letzter Zeit schon kleine Rundungen gewachsen, so daß sie beim Schwimmen jetzt ein Top anzieht. Und ein paar Jungs aus der Klasse über ihr pfeifen ihr oft nach, wenn sie mit dem Rad vorbeifährt und ihre langen dunklen Haare im Wind wehen. Bislang fand sie das aber eher blöd. Nein, mit Jungs und Händchenhalten und solchem Kram mag sie sich noch nicht abgeben, auch wenn die anerkennenden Blicke sie manchmal ein bißchen erröten lassen. Von Kinderkriegen und so weiter gar nicht zu reden.

Spannend ist es aber schon, denkt sie, wie ihr Körper sich jetzt bereits auf das Leben als Frau einzurichten beginnt. Auch die weiblichen Organe, hat ihre Lehrerin erklärt, müssen sozusagen erst in Übung kommen, bevor sie ganz ausgereift sind. Deshalb spüren manche Mädchen auch Krämpfe im Unterleib, wenn sie ihre Menstruation haben: Die Gebärmutter, die die ganze Kindheit hindurch gewissermaßen schlafend verbracht hat, muß erst von den Hormonen »aufgeweckt« werden und sich an die Arbeit gewöhnen, die sie zu leisten hat, sobald die Pubertät beginnt. Dann stehen dem kleinen Hohlmuskel nämlich jeden Monat ein paar Tage heftige Gymnastik bevor: Er muß sich zusammenziehen, lockerlassen, zusammenziehen, wie ein Armmuskel, der immer wieder angespannt und entspannt wird. Nur so kann sich das in ihm gewachsene »Nest« richtig ablösen und aus dem Körper ausgestoßen werden. Das geht die ersten Male kaum ohne Muskelkater ab.

Charlotte kann sich das gut vorstellen, denn sie hat nach dem Lauftraining schon öfter schmerzende Muskeln gehabt, wenn sie sich vorher nicht richtig aufgewärmt hatte. Vorsichtig reibt sie ihren Bauch, der sich irgendwie weiter und schwerer anfühlt als sonst. Dann lehnt sie sich im Sitz zurück und versucht, sich so zu entspannen, wie alle Mädchen es von ihrer Sportlehrerin gezeigt bekommen haben. Tatsächlich, es klappt: Mit geschlossenen Augen tief in den Bauch atmend, fühlt Charlotte, wie sich der kleine Spannungsklumpen in ihrem Unterleib auflöst und das leichte Krampfgefühl vergeht.

Kaum zur Haustür herein, sprudelt Charlotte die große Neuigkeit heraus. Ihre Mutter, die gerade an einem Artikel für die von ihr herausgegebene Technik-Fachzeitschrift schreibt, schaltet den Computer ab und dreht sich erfreut zu ihr um: »Willkommen, mein Liebes, das ist eine gute Nachricht! Komm, wir rufen gleich den Papa an!«

»Herzlichen Glückwunsch, Töchterchen«, gratuliert auch der Vater. »Ach nein, jetzt muß ich dich wohl ›Tochter‹ nennen! Weißt du was? Ich sehe zu, daß ich etwas früher zu Hause sein kann. Dann gehen wir miteinander deinen Mondring aussuchen, was hältst du davon?«

»Au ja, super!« Schon monatelang hat sich Charlotte beim Juweliergeschäft neben der Bushaltestelle die Nase am Schaufenster plattgedrückt. Eine ganze Stellage in der Auslage ist ausschließlich Mondringen vorbehalten, dem Schmuck, den alle Mädchen traditionsgemäß erhalten, wenn sie die Schwelle zum Frausein überschreiten. Auf rubinrotem Samt liegen wunderschöne Ringe: aus Silber, aus Gold, ziseliert oder glatt, mit Schmuckstein oder als schlichter Reif, der sich in der Mitte zum stilisierten Granatapfel verbreitert. Ein Silberring mit hellem Mondstein hat es Charlotte besonders angetan. So gut würde er zu ihrer bräunlichen Haut passen… und außerdem liebt sie dieses Himmelsgestirn ganz besonders, so weiß und geheimnisvoll in der Nacht. Oft stellt sie sich vor, sie sei Astronautin und setzte ihre Fußstapfen in den niemals verwehenden Sand. Ja, der Mondstein wäre genau das Richtige für sie. Er würde sie mit seinem Glanz immer ans Mondlicht erinnern und an die Gezeiten, die nun auch in ihr jeden Monat rhythmisch kommen und gehen. Und wer weiß, vielleicht verhilft ihr dieses Amulett ja dazu, ihren heimlichen Traum wahrzumachen: als Mitglied des europäischen Raumfahrtteams eines Tages auf dem Mond zu stehen…

Als sie sich ein paar Stunden später tatsächlich ihren Wunschring über den Mittelfinger streifen darf, ist Charlotte ganz feierlich zumute. Der Juwelier notiert das Datum, das bis zum nächsten Tag in den Ring graviert werden soll: 11. Mai 2027. »Herzlichen Glückwunsch, junge Frau!« lächelt er und überreicht Charlotte zur Feier des Tages noch eine kleine Blüte aus roter Seide, die sie ein bißchen verlegen entgegennimmt und ansteckt.

Für das Fest zur ersten Menstruation, das am Samstag mit Charlottes Freundinnen zusammen gefeiert werden soll, ist noch allerhand vorzubereiten. Sibylle, die nicht nur eine tolle Musikerin, sondern auch die beste Bäckerin der Familie ist, hat sich bereiterklärt, die traditionelle Torte zu backen: Purpurrot soll sie werden, mit vielen glitzernden Zuckermonden besetzt. Charlottes Mutter sucht die Girlanden hervor, die sie schon zur Menarche-Feier ihrer Ältesten als Raumschmuck verwendet hat: lange, aus vielen Seidentüchern und Stoffresten handgearbeitete Bahnen in vielen Farbtönen, von zartestem Mandelblütenrosa bis zum tiefsten, ins Bräunliche spielenden Dunkelrot. Sie symbolisieren die vielen Schattierungen des Lebensbluts, das bei der Menstruation den weiblichen Körper verläßt.

Einige der Girlandenbahnen stammen noch aus ihrer eigenen Mädchenzeit, erinnert sich die Mutter beim Auspacken: Damals, vor beinahe dreißig Jahren, hat ihre eigene Mutter ihr den ersten roten Schal zur Menarche geschenkt. In jener Zeit war es noch sehr ungewöhnlich gewesen, das Fest der ersten Menstruation zu feiern. Nur sehr »frauenbewegte« Frauen, wie es damals hieß, hatten diesen wichtigen Tag im Leben jedes Mädchens in besonderer Weise gewürdigt. Und auch die Monatsblutung selbst war noch von vielen, teils sehr abergläubischen Tabus umstellt: Menstruierende Frauen, hieß es, sollten ihre Haare nicht waschen und auch kein Bad nehmen, weil sie dann krank werden könnten; sie sollten keinen Brotteig rühren und keine Gurken einmachen, weil die Lebensmittel dann verdürben… So ein Unsinn! Und doch hatten derartige Märchen immer wieder die Runde gemacht, und viele Mädchen hatten sich geschämt, wenn sie das erste Mal »ihre Tage« bekamen.

Heutzutage, denkt die Mutter zufrieden, ist das glücklicherweise anders. Wir sind viel freier, als unsere Mütter und Großmütter es einmal waren, und unsere Töchter wissen genau, welchen Wert ihr Frau-Werden für die ganze Gesellschaft besitzt. Keine würde sich mehr einreden lassen, daß sie ab jetzt nur Mühe und Plage mit der Menstruation erwartet: Schon ab zehn Jahren lernen die Mädchen Atem- und Körperübungen kennen, mit denen sie Menstruationsbeschwerden vorbeugen können. Sie werden rechtzeitig über die Monatshygiene aufgeklärt. Und niemand erzählt ihnen mehr Schauergeschichten über die angeblich »schmutzige, fluchbeladene« Monatsblutung. Nein, Angst hat heute wohl kaum noch eine Heranwachsende vor der Menarche. Und erst recht würde keine freiwillig auf ihr Fest dazu verzichten: Es wird schließlich nur einmal in ihrem Leben gefeiert!

☾ ☾ ☾

Das Jahr 2027 liegt noch mehr als eine Generation von uns entfernt, und die beschriebene Szene ist bislang nur eine Zukunftsvision – leider, setzen vielleicht manche von Ihnen seufzend hinzu. Denn es ist kaum anzunehmen, daß Ihre Menarche (oder die Ihrer Partnerin, falls Sie als Vater dieses Buch zur Hand nehmen) auch nur annähernd so fröhlich verlaufen ist. Und auch die Mädchen, die heute ihre Menarche bekommen, finden keine vergleichbare Situation vor. Im allgemeinen bricht kaum jemand in ihrem Umkreis in Jubelrufe und Glückwünsche aus, wenn sie zum ersten Mal menstruieren. Produkte zur Monatshygiene suchen wir in Duschräumen und WCs von Schulen, Badeanstalten und anderen öffentlichen Gebäuden zumeist vergeblich – von einem ganzen Sortiment, ökologisch hergestellt und den individuellen Bedürfnissen von Mädchen und Frauen angepaßt, ganz zu schweigen. Sportlehrerinnen werden nicht darin ausgebildet, den Mädchen einfache Übungen zu vermitteln, mit denen sie Menstruationsbeschwerden lindern oder ihnen von vornherein vorbeugen können. Geschenkläden halten zwar Geschenke zur Taufe, zur Kommunion oder Konfirmation, zum Geburtstag, Namenstag, bestandenen Examen, zur Hochzeit, zu Jubiläen, Siegesfeiern, Ostern, Weihnachten und zum Muttertag bereit – aber nichts speziell für die Menarche, dieses bedeutsame Ereignis im Leben jeder Heranwachsenden. Es kommt im öffentlichen Bewußtsein nicht vor. Unsere Kultur läßt die Mädchen mit diesem »Tag der Tage« allein.

»Für das weibliche Selbst- und Körperbild macht es einen wesentlichen Unterschied, ob die physiologischen Veränderungen und Rhythmen übergangen und negiert werden, wie in westlichen Gesellschaften, oder ob sie einen gesellschaftlich anerkannten Raum einnehmen«, schreibt die Ethnologin Dr. Judith Schlehe in ihrem Buch ›Das Blut der fremden Frauen‹[1)]. Ganz besonders wichtig für die weibliche Erfahrung und Akzeptanz der Menstruation – deren zyklische Wiederkehr Frauen, von Schwangerschaftszeiten abgesehen, im Durchschnitt immerhin rund 35 Jahre lang erleben – ist ihres Erachtens das Erlebnis der ersten Menstruation: »Wird sie nicht von Schweigen umgeben, sondern ist Anlaß für eine formelle Feier, einen Übergangsritus, so wird der physischen Veränderung und dem Statuswechsel gleichermaßen offen Ausdruck verliehen.« Die Menstruation wird damit so aufgewertet, wie es ihrer gesundheitlichen und gesellschaftlichen Bedeutung entspricht, und für die Heranwachsende »zu einem vitalen Aspekt ihrer Identität«.

Weshalb ein Menarche-Fest?

☾ **Gemeinsamkeit.** Feste sind bedeutsame Träger der kulturellen Identität. Wo aus einem bestimmten Anlaß regelmäßig gemeinsam gefeiert wird, entwickelt sich ein besonderes Zusammengehörigkeitsgefühl: Hier gehöre ich hin, hier bin ich zuhause. Beim Menarche-Fest werden Mädchen in die große Gemeinschaft der Frauen aufgenommen.

☾ **Übergang.** Abschieds- und Willkommensrituale erleichtern den sozialen Umgang miteinander; Übergangsriten geben seelischen Halt in Krisenzeiten, auch in der »Krise Pubertät«. Auf allen Kontinenten gibt es deshalb auch Feste und Rituale zur Menarche. Nur Europa macht sich (noch) rar.

- ☾ **Moderne Zeiten.** Einen natürlichen körperlichen Vorgang wie die Monatsblutung schamhaft zu verschweigen und prüde zu verstecken, ist einer aufgeklärten Gesellschaft wie der unseren nicht würdig. Überholte Tabus bröckeln, wo die erste Menstruation fröhlich gefeiert wird.
- ☾ **Gesundheitsfürsorge.** Unbehagen und Schmerzen fangen »im Kopf« an. Ein Fest zur Menarche vermittelt den Mädchen von Anfang an ein besseres Verhältnis zu ihrer Periode und hilft deshalb, Menstruationsbeschwerden zu lindern, ja zu verhindern.
- ☾ **Selbstwertgefühl.** Weibliche Zyklen haben mit weiblicher Stärke zu tun: Kinder bekommen können nur Frauen. Die Menarche signalisiert den Beginn der Fortpflanzungsfähigkeit sowie gesundes Wachstum – zwei gute Gründe zum Feiern.

Immer mehr Mütter (und Väter) finden, die Zeit sei reif dafür, das Schweigen, das die Menarche umgibt, zu brechen. Viele wünschen sich etwas Besonderes für den Tag, an dem ihre Tochter vom Kind zur jungen Frau wird: einen Blumenstrauß, ein Geschenk speziell für diesen Anlaß, ein schönes Essen, ein Fest. Viele würden diesen wichtigen Tag gern mit ihr feiern, wissen aber nicht recht, auf welche Weise. Wie könnte ein Menarche-Fest gestaltet werden, ohne daß es allzu esoterisch, biologistisch, kitschig oder gar peinlich wird? Sollte ein solches Fest »reine Frauensache« sein, oder wäre es besser, wenn auch Vater und Bruder daran teilnähmen? Welches Geschenk, welche Symbolik eignet sich für diesen Tag wohl am besten? Wie soll ein solcher Feier-Tag vorbereitet werden, wenn man doch gar nicht weiß, wann die Tochter ihre erste Menstruation haben wird? Und nicht zuletzt: Was mag die pubertierende Tochter davon halten, wie ist ihr zumute, wenn sie bei diesem Anlaß gefeiert wird? Denn leider setzen sich, wie viele Mütter bestätigen können, Menstruationstabus oft schon in den Köpfen der Mädchen fest, bevor sie überhaupt selbst so weit sind. Und die Mädchen reagieren unter Umständen alles andere als erfreut auf die Aussicht, daß um ihre Menarche so viel Aufhebens gemacht werden soll.

In diesem Buch finden Sie zahlreiche Informationen und Anregungen dazu, wie die Menarche zu einem schönen, unvergeßlichen Ereignis werden kann. Vielleicht entzündet sich Ihre Phantasie daran, und es fallen Ihnen noch mehr Möglichkeiten ein, diesen Tag ganz persönlich zu gestalten, so daß Ihre Tochter sich immer mit Freude daran erinnern wird. Was immer Sie sich aussuchen: Allein schon durch die Tatsache, daß Sie einen Feier-Tag aus der Menarche machen, begründen Sie eine neue Tradition, mit der Sie an jahrtausendealte weibliche Traditionen anknüpfen. Und je mehr Mütter und Väter in Ihrem Umfeld Ihrem Beispiel folgen, desto eher kann daraus eine wertvolle Tradition für die gesamte Gesellschaft werden, in der wir leben.

Feste feiern die meisten gern: Jeder Anlaß ist willkommen, sich in fröhlicher Runde zusammenzufinden. Der Tag, an dem ein Mädchen den ersten Schritt ins Frauenleben tut, ist ein sehr schöner und wichtiger Anlaß zum Feiern. Viel zu lange wurde er, zumindest in unserer Kultur, vernachlässigt. Sie können mithelfen, daß sich das ändert. Und vielleicht dauert es dann nicht einmal eine Generation, bis aus dem heute noch außergewöhnlichen Menarche-Fest ein von allen Mädchen sehnlich herbeigewünschter Feiertag für die ganze Familie wird. Wenn Sie damit anfangen, hat die Zukunft bereits begonnen.

Genannte Literatur:

1) Schlehe, Judith: Das Blut der fremden Frauen. Menstruation in der anderen und in der eigenen Kultur. Campus Verlag, Frankfurt – New York 1987 (leider vergriffen).

2. Kapitel: Biologie und Binden sind nicht genug – Was zur Menstruations-Aufklärung gehört

Fast jede Frau erinnert sich noch daran, wie das war, als sie das erste Mal »ihre Tage« hatte. Nur wenige wissen zwar noch genau, *wann* das war, an welchem Wochentag, zu welchem Datum; die meisten aber haben im Gedächtnis, wie sie sich gefühlt haben und wie das Ereignis in ihrer Familie bzw. von ihrer Mutter aufgenommen wurde. »Ich bekam ein paar Binden in die Hand gedrückt, und das war's dann.« – »Als mein Vater mich mit Krämpfen auf der Couch liegend antraf, meinte er nur: ›Na und – das ist doch kein Grund zum Jammern!‹« Oder: »Meine Mutter sagte mir bloß, das hätte ich jetzt jeden Monat.«

Die meisten Frauen, mit denen ich darüber sprach, hatten keine angenehmen Erinnerungen an dieses Ereignis (ich selbst eingeschlossen). Ausnahmen gab es nur in den Altersgruppen, die zu Beginn der siebziger Jahre oder später in die Pubertät gekommen sind: Es scheint, als habe die endlich einsetzende Sexualaufklärung dieser Jahre den damals erwachsen werdenden Mädchen doch zu etwas mehr Unbefangenheit verholfen. Die meisten von ihnen fühlten sich zumindest über die körperlichen Vorgänge dessen, was die Menstruation bedeutet, einigermaßen aufgeklärt. Einige wenige berichteten mir sogar, stolz und froh über ihre Menarche gewesen zu sein und positives Feedback von ihren Eltern, den »Achtundsechzigern«, bekommen zu haben. Ein Fest wurde allerdings keiner einzigen der von mir Befragten bereitet.

Mädchen von heute sind in aller Regel, zumindest in

Deutschland und anderen Ländern mit staatlich sanktioniertem Sexualkundeunterricht, schon über die biologischen Details des Monatszyklus aufgeklärt, wenn sie selbst ihre Menarche erleben. Viele Mütter (und manchmal auch Väter) geben sich Mühe mit diesem Erziehungsbereich; ein Teil der Tabus, die dieses Thema noch in den fünfziger und sechziger Jahren allenthalben umgaben, ist sicherlich aufgehoben. Der Trend der Zeit war und ist auch an der Werbung für Monatsbinden, Tampons und andere Hygieneartikel abzulesen, die im Vergleich zu früheren Zeiten deutlich weniger verschämt und erheblich sachlicher geworden ist – zumindest an der Oberfläche. Sehen wir uns an, was darunter zum Vorschein kommt.

Die Wahrheit hinter der Werbung

In der heilen Disney-Welt gibt es keine »Tage«: Für persönliche Hygieneartikel darf in den TV-Sendern des riesigen Disney-Konzerns nicht geworben werden. »Beim Fernsehen«, erklärte dazu Konzernboß Michael D. Eisner in einem Interview mit dem ›Stern‹[1], »steht unser Markenzeichen für saubere Unterhaltung für die ganze Familie. Dieses Image dürfen wir nicht beschmutzen.«

Andere Medienkonzerne haben solche Prüderie-Probleme nicht. An Fernseh-Werbespots für Binden und Slipeinlagen sind wir daher heutzutage längst gewöhnt. Doch wenn wir genau hinsehen, scheinen wir Frauen alle uraltem Adel zu entstammen: Blaues Blut fließt offenbar in unseren Adern. So jedenfalls bildet es die Werbung ab. Was da auf Hygieneartikel getropft wird und ihre Saugfähigkeit beweisen soll, ist niemals rot oder braun wie in Wirklichkeit. Die Realität, nämlich die Farbe Blutrot, gilt immer noch als unzumutbar; die Zeit der Tabus ist also durchaus noch nicht vorbei. Und auch die Botschaft, die den jungen Mädchen und erwachsenen Frauen mit dieser Art von Werbung vermittelt wird, lautet keineswegs: Freut euch eurer gesunden Menstruation und sucht ein Produkt aus, das ihr gerecht wird. Sie suggeriert vielmehr: Menstruation ist zwar etwas recht Normales, aber sie sollte doch tunlichst versteckt und möglichst unsichtbar, unfühlbar gemacht werden.

»Ich nehme Binde X, weil ich mich damit immer wohl in meiner Haut, trocken und sauber fühle«, lautet die Werbebotschaft. Im Klartext: »Ohne diese Binde würde ich mich unwohl, naß und schmutzig fühlen.« Oder auch: »Seit ich Tampon Y benutze, merkt niemand mehr, was los ist – ich bin frei und kann alles machen, was ich will.« Übersetzt heißt das: »Ohne Tampon Y merken alle, was los ist (nämlich etwas, das ich besser verschweigen sollte). Ich bin gefangen und kann während der Menstruation nicht machen, was ich will.«

Werbung dieser Art setzt sich in den Köpfen fest – die unterschwellige Botschaft weit mehr als das Produkt selbst. Die Herstellerfirmen nehmen das in Kauf, ja *wollen* offenbar auch vorrangig diese Botschaft vermitteln, in konzertierter Aktion: Sie soll in Mädchen und Frauen zuerst einmal ein *Schutzbedürfnis* wecken, das dann mit den angepriesenen Hygieneartikeln befriedigt werden kann. Zu welcher Marke sie schließlich greifen, ist zweitrangig.

Die Firmen können sich eine solche, in der Werbebranche eher seltene Art der Produktwerbung leisten, denn die Konkurrenz zieht am selben Strang und ist zudem ziemlich überschaubar. Es sind nicht gerade viele Firmen, die sich den doch immerhin riesigen Markt – mehr als ein Drittel der Gesamtbevölkerung! – teilen. Ihre Produkte ähneln einander stark, und »Wechselwählerinnen« scheint es nicht sonderlich viele zu geben: Eine Frau, die einmal »ihre« Marke, »ihr« Produkt gefunden hat, bleibt meist dabei wie bei der Lieblingsschokolade. Die Hersteller brauchen sich deshalb keine besondere Mühe zu geben, ihre Produkte von denen anderer Firmen abzuheben. Es reicht, sie als äußerst nützlich darzustellen. Und das gelingt offenbar am besten, wenn Ängste geweckt und wachgehalten werden – alte Ängste, die in alten Vorstellungen von der »Unreinheit« menstruierender Frauen wurzeln. Wir sollen Angst haben vor Flecken, schlechtem Geruch, Unsauberkeit und peinlichen Situationen. Wir sollen uns unsicher fühlen, wenn unser Monatsblut fließt. Dann greifen wir nämlich auch zu den Produkten, die uns Sicherheit verheißen.

Wenn ich mir die blaue Flüssigkeit betrachte, die in den Werbespots auf Binden geträufelt wird, fällt mir die Aktion der amerikanischen Künstlerin Jenny Holzer ein, deren Arbeiten das Magazin der Süddeutschen Zeitung im Oktober 1993 eine ganze Ausgabe widmete[2)]. Ihr Beitrag über Gewalt an Frauen begann mit einem Titelblatt, auf dem in braunroter Schrift geschrieben stand: »Wo Frauen sterben, bin ich hellwach.« Skandal im ganzen Land: Zum Druck dieses Satzes war echtes Frauenblut verwendet worden. Zwar nur ein paar Milliliter, von acht Frauen freiwillig für die Kunstaktion gespendet und in einem komplizierten Verfahren pulverisiert und druckreif gemacht – doch immerhin echtes Blut. Frauenblut. Eine unerhörte Provokation. Pervers, eklig, geschmacklos, fanden viele. Aufrüttelnd, großartig, fanden viele andere. Aber die allermeisten redeten und schrieben Leserinnen- und Leserbriefe nur über die aufgedruckte Farbe. Die Frauen, an denen täglich Gewalt verübt wird und für deren Leiden diese paar Tropfen Blut symbolisch standen, kamen in den Kommentaren eher am Rande vor.

Wo Menstruationsblut zu blauer Lauge verfälscht wird, ist die Menstruation ebenfalls kein Thema. Sie wird nur quasi zwangsweise zum Anlaß der Produktwerbung, niemals jedoch ausdrücklich angesprochen (das *Wort* wird nicht einmal erwähnt), und die angepriesenen Hygieneartikel sollen sie möglichst vertuschen helfen. Eine frauenfeindliche Werbung, wie viele aufmerksame Beobachterinnen bereits angeprangert haben. Geändert hat die Kritik bislang allerdings nichts.

Das magische Blut

In den siebziger Jahren begann in den USA eine Bewegung der Rückbesinnung auf die Werte der Menstruation. Einige ihrer Protagonistinnen scheuen sich durchaus nicht, Stoffbinden den üblichen Tampons und »Pampers für Frauen« bei weitem vorzuziehen (siehe dazu auch ab S. 32). Manche suchen den Kontakt zur Natur, wenn sie ihr Monatsblut verströmen, gehen in die Wälder, um sich an einem moosbewachsenen Platz niederzulassen, heben den Rock und geben ihr Blut der Erde zurück, von der es kam. So lehrten es die weisen Indianerinnen verschiedener Völker, so machen es heute diese Frauen, »ihre Nachfahrinnen, ob indianischer Abstammung oder nicht«, schreibt die amerikanische Autorin Miranda Gray in ihrem (noch nicht auf deutsch erschienenen) Buch ›Red Moon‹[3].

Wir sind natürlich nicht in den USA, haben nur noch sehr wenige unberührte Waldflecken und keine indianischen Vorfahrinnen. Doch bevor wir uns leicht geniert abwenden und etwas über das völlig andersartige Natur- und Hygiene-Verständnis der zitierten Frauen murmeln, sollten wir uns einmal kurz die Mühe machen, genauer darüber nachzudenken.

Stellen wir uns einen Mann vor, der einen Unfall hatte oder im Kampf verletzt wurde. Während er im Gras liegt und auf Hilfe wartet, tropft das Blut aus seiner Wunde auf die Erde.

Diese Vorstellung hat für uns nichts Ekelhaftes oder Absonderliches. Allenfalls hoffen wir mit ihm, daß Hilfe rasch zur Stelle sein kann, seine Wunde nicht tödlich ist und er nicht verblutet. Wir wünschen, daß kein Schmutz in die Wunde gelangt und sie infiziert. Und Heilkundige mögen dabei denken, daß ein Deckverband mit bestimmten Pflanzen seine Blutung vielleicht stillen könnte.

Wenn Frauen allmonatlich Blut aus ihrer Vagina absondern, bluten sie aus keiner zugefügten Wunde. Das Menstruationsblut ist das *einzige* auf der Welt, das ohne äußere Verletzung, ohne Unfall, ohne Todesdrohung, sondern ganz im Gegenteil als Symbol immer neu möglichen Lebens fließt – aus einer »weisen Wunde«, wie Penelope Shuttle und Peter Redgrove es in ihrem wegweisenden Buch über die Menstruation[4)] nennen. Vielen Völkern und Kulturen war und ist dieses Blut genau aus diesem Grund heilig: *sacer mens,* die heilige Menstruation (ein lateinischer Begriff, aus dem später das Kirchenwort Sakrament entstand). Wo die Menstruation hingegen als »unheilig«, gar »unrein« galt und gilt, wird Frauen gleichzeitig ein erheblich niedrigerer gesellschaftlicher Status zugeteilt als kriegführenden Männern.

Blut ist seit jeher ein mächtiges Symbol der Kraft, »die wichtigste magische Substanz überhaupt«, wie die Frauenforscherin, Filmemacherin und Autorin Luisa Francia in ihrem Buch zur Menstruation[5)] erläutert: »Blutstropfen vertreten die Hauptperson im Märchen, können für sie sprechen. Blut verrät den Mörder, Blut bannt, Blut erweckt, Blut verzaubert. Blut macht wieder sehend. Blut heilt Warzen und Wunden;

mit Blut werden Geister vertrieben; was mit Blut geschrieben wird, gilt für alle Ewigkeit. Blut ist der Sitz der Seele, und aus den Schwesternschaften der Menstruation ist die Blutsbrüderschaft entstanden.«

Ein Pakt, der mit Blut besiegelt wird, ist ehern und fest. Nicht nur sogenannte heidnische Religionen, sondern auch das Christentum schreibt den Bluts-Banden zwischen Gott und seinem Volk eine besondere, magische Bedeutung zu – ein Bündnis, das bei jedem Sakrament (»Das ist mein Blut«) erneuert wird.

In der altchinesischen Tao-Philosophie, in afrikanischen Kulturen und bei indianischen Völkern Südamerikas (um nur einige Beispiele zu nennen) galt Menstruationsblut als hochwirksames Heilmittel bei vielerlei Leiden, ja es verschaffte Männern überhaupt erst ihre Seele oder ihre Potenz.

Männer müssen sich allerdings verletzen, damit ihr Blut fließt. Frauen brauchen das nicht. Die Schwesternschaft des Blutes, wie sie bei gemeinsamen Menarche- und Menstruationsfesten bekräftigt wird, hat daher etwas besonders Würdiges. »Drachenzeit« nennt Luisa Francia die Zeit der Menstruation, oder besser: Zeit der Drachin – in Anlehnung an die zauberischen, oft weiblichen Drachen des Märchens, Hüterinnen des Feuers, die Menschen (meist Jung-Frauen!) in ein Traumland entführen können und so manchen weisen Rat erteilen. Ihr Blut, sagen die Legenden, macht unverwundbar. Drachenblut, so Luisa Francia, ist das märchenhafte Äquivalent zum Menstrualblut der Frauen, dem ja auch sehr viele magische und heilkräftige Eigenschaften zugeschrieben werden. Und während der Zeit der Menstruation – oder kurz zuvor – erwacht in vielen Frauen, metaphorisch gesprochen, die Drachin, schnaubt und schlägt ungeduldig mit dem Schweif, bläst Feuer aus den Nüstern und sammelt ihre magischen Kräfte: »die zornige, aggressive oder einfach nur energiegeladene Frau.«[5)]

Während der Menstruation ziehen sich viele Frauen in ihre »Drachenhöhle« zurück, in der sie sich warm und geschützt fühlen. Frauen von heute, meint Francia, können das Gespür für ihre verborgene Kraft zurückgewinnen, wenn sie wieder lernen, sich auf ihre Menstruation einzulassen und ihrer Energien gewahr zu werden, indem sie sie verströmen.

Heranwachsenden Mädchen fällt es leichter, sich mit ihrer Periode anzufreunden und ihren Energiefluß dabei zu spüren, wenn ihnen von Anfang an das Recht zugestanden wird, sich eine solche »Höhle« zu schaffen – sei es ihr Zimmer oder ihr Bett, in das sie sich an diesen Tagen immer einmal wieder zurückziehen können, ohne sich dafür groß rechtfertigen zu müssen, sei es ein Winkel im Haus, auf dem Speicher, im Keller, im Garten, auf dem Balkon, in dem sie träumen, sich sammeln und ihre Kräfte wachsen spüren dürfen, wenn sie das Bedürfnis danach haben. Ein besonders »magischer«, mit positiven Energien quasi aufgeladener Ort wird das, wenn dort auch ein paar bedeutungsvolle persönliche Gegenstände ihren Platz finden: zum Beispiel eine besonders schöne Muschel, in der das Meer rauscht, ein paar seltsam geformte Zweige oder Kiesel, ein Glücksbringer oder ein Geschenk, das sie zur Menarche bekommen haben.

Das saubere Blut

Monatsblut mag vielleicht magisch sein; schmutzig ist es auf jeden Fall nicht. Da es bei einem natürlichen, gesunden Vorgang im Leibesinneren entsteht, ist Menstrualblut sogar besonders sauber, wenn es den weiblichen Körper verläßt. Es besteht vor allem aus Kapillarblut, das winzigen Blutgefäßen entströmt. Diese reißen, sobald die Hormone aus der Hirnanhangdrüse und den Eierstöcken der Gebärmutterschleimhaut signalisieren: »Keine Schwangerschaft eingetreten – alles wieder abbauen!« (Näheres dazu ab S. 43.)

Was Menstrualblut so besonders macht
Die Flüssigkeit, die bei der Menstruation ausgeschieden wird, besteht aus Blut mit seinem roten, sauerstofftransportierenden Farbstoff Hämoglobin, aus farblosem Blutplasma und einigen Gewebeklümpchen, Partikeln der Gebärmutterschleimhaut, die sich in dieser Zeit von der Innenwand der Gebärmutter ablösen. Darüber hinaus enthält Menstrualblut zahlreiche Nährstoffe: sehr viele Vitamine, Proteine, Eisen, Kupfer, Magnesium, Kalium, Kalzium und andere Mineralsalze sowie eine große Zahl an Immunzellen. Der Grund für diesen Reichtum: Wäre in diesem Zyklus ein Embryo entstanden, hätte das Hämoglobin ihn mit Sauerstoff versorgt, die Vitalstoffe hätten ihn ernährt, und die Abwehrzellen hätten ihm und seinem »Nest« wirksamen Schutz gegen Krankheitserreger geboten.

Kein Blut, das einer Verletzung oder Erkrankung entstammt, hat so viele positive Eigenschaften wie das Menstruationsblut. Und dieses enthält auch keinerlei Gift, kein »Menotoxin«, wie ignorante Ärzte noch vor fünfzig Jahren den Frauen weiszumachen versuchten. Alle Behauptungen, nach denen menstruierende Frauen die Milch, den Kuchen und das Eingemachte verdürben, würde man sie nur in die Nähe dieser Lebensmittel lassen, sind nichts als üble Nachreden aus finsterstem Mittelalter. In ihnen spiegelt sich, wie die Frauenforscherin Barbara G. Walker in ihrer Enzyklopädie ›Das geheime Wissen der Frauen‹[6] anmerkt, die uralte Angst der Männer vor der mystischen Kraft dieses Blutes. Frauen nach den Wechseljahren, so glaubte man damals, hielten das Menstruationsblut in ihren Adern zurück und verfügten deshalb über ganz besondere, den Männern unheimliche Kräfte – ein Grund (mehr), sie als »Hexen« zu verfolgen.

Priesterinnen der Großen Muttergöttin, die in allen Hochkulturen als Schöpferin des Kosmos verehrt wurde, düngten vor Tausenden von Jahren die Felder alljährlich einmal mit ihrem Menstruationsblut – ein Opfer, das reiche Ernte hervorlocken sollte. In manchen katholischen Gegenden ist dieser vorchristliche Brauch in den Frühjahrsprozessionen um die Felder lebendig geblieben.

Wenn Menstrualblut die Erde berührt, dringt es zu den Wurzeln der Pflanzen vor und nährt sie: Was einem Embryo gutgetan hätte, läßt auch andere Lebewesen gut wachsen. Manche Frauen düngen heute ihre Blumen- und Gemüsegärten mit ihrem Monatsblut und ernten reiche, gesunde Früchte, die alle chemiegedüngten Produkte des Nachbargartens bei weitem übertreffen.

Frauen, die während ihrer Periode einen moosbewachsenen Platz aufsuchen, öffnen sich auch nicht etwa einem feindlichen Bakterienansturm, wie manchmal behauptet wird (er hätte angesichts der vielen Abwehrzellen in diesem Blutfluß ohnehin wenig Chancen), sondern den Energien der Erde. Sie geben und nehmen zugleich, spüren ihre intensive Verbundenheit mit der Natur, die sie hervorgebracht hat. Menstruationshütten, wie sie bei vielen Völkern existieren, dienen oftmals einzig dem Zweck, Frauen bei ihren Menstruationsritualen von Männer- und Kinderblicken abzuschirmen. Die Frauen fühlen sich in diesen Hütten, die sie allmonatlich – oder auch nur beim ersten Mal, zur Zeit der Menarche – aufsuchen, weder ein- noch vom öffentlichen Leben ausgesperrt (siehe hierzu auch 3. Kapitel). Von Männern, die als Völkerkundler diese Bräuche studierten, ist das oft falsch interpretiert worden: Sie glaubten, es handele sich dabei stets um eine gewaltsame Verbannung der Frau zu den Zeiten, wenn sie »unrein« sei und ihr Blutfluß anderen – vor allem Männern – »schaden« könne. Tatsächlich gab und gibt es bei manchen Völkern auch solche Verbannungen zur Menarche- oder allmonatlichen Menstruationszeit. Sie sind jedoch keineswegs die Regel und stellen sehr wahrscheinlich auch nur eine spätere Pervertierung des ursprünglichen Brauchs dar. Sein Ursprung reicht nämlich viel weiter zurück: in früheste Zeiten, in denen Frauen als alleinige Erzeugerinnen des Lebens galten – und Männer sich gehütet hätten, Frauen Vorschriften darüber zu machen, wo und wie sie ihre Menstruation verbringen sollten.

Wegwerfprodukte und Körperbewußtsein

Die Menstruation gibt es seit mehreren hunderttausend Jahren. Und bis vor wenigen Jahrzehnten, als die ersten Wattevorlagen und -stöpsel den Markt eroberten, kamen die Frauen dabei ganz gut ohne Wegwerfbinden und Tampons aus. Je nach Region und kulturellen Gewohnheiten benutzten sie feingewebte Stoffbinden, kunstvoll geflochtene kleine Grasmatten, biegsame Baumrinden, Bananenblätter, Moospolster oder weiche Naturschwämmchen zur Menstruationshygiene. Stoffstücke und Schwämmchen konnten nach dem Auswaschen wiederverwendet werden; andere Naturartikel wurden in einem rituellen Akt sorgsam in der Erde vergraben.

Auch heute gibt es Frauen, die nach natürlichen Formen des Umgangs mit der Menstruation suchen und dabei die Stoffbinden wiederentdeckt haben. Sie werden jeden Monat erneut verwendet, nach einigen Stunden Benutzung in einem Behälter voll Wasser eingeweicht und schließlich ausgewaschen. Frauen, die solche Binden benutzen – sie werden in manchen Gesundheitsläden und von einigen alternativen Versandhäusern angeboten –, berichten davon, daß sie erst bei diesem *Nichtwegwerf*-Vorgang ein innigeres Verhältnis zu ihrem Monatsblut gewonnen haben, das sich vorher beim Benutzen von Tampons oder Wegwerfbinden niemals einstellen wollte.

Das ist auch kein Wunder. Tampons fangen die Absonderung im Körper ab (zwar nicht »da, wo sie entsteht«, wie die Werbung behauptet, aber immerhin einige Zentimeter unterhalb der Gebärmutter, in der Scheide). Dann werden sie mit Hilfe eines Fadens – übrigens eine hervorragende »Leiter« für Krankheitserreger, die daran massenweise ins Scheideninnere gelangen können – herausgezogen und meist ohne weiteren Blick darauf in der Toilette oder einem Mülleimer »entsorgt«. Mit Wegwerfbinden ist es gewöhnlich das gleiche. Wenn die Benutzerin sie überhaupt betrachtet, z.B. um sie in die vorgesehene Tüte für Damenhygieneartikel zu packen, dann mit einem leichten Gefühl des Ekels: Sie riechen so seltsam (vor allem nach Eisen), und sie sehen manchmal seltsam aus. Denn das Blut nimmt an der Luft Farben an, die wir nur noch mit Krankheit, Verletzung und Tod zu assoziieren gewohnt sind. Unser Lebenskonzept ist, so besehen, alles andere als blutvoll. Das einzige wirklich gesunde Blut kommt dabei ziemlich schlecht weg.

Naturnah ist so eine Verleugnungstaktik sicher nicht. Und selbst Hygiene-Argumente ziehen höchstens dort, wo Moos kein sanftes grünes Kissen, sondern ein umweltverschmutzter Haufen Dreck ist – und wo es als sauberer gilt, riesige, chemiegedüngte Baumwoll-Monokulturen zur Tampon- und Bindenherstellung auszubeuten, als einmal im Monat ein paar Stoffeinlagen in der Waschmaschine oder per Hand auszuwaschen, so daß sie dann immer wieder verwendbar sind.

Ja, ich weiß: »Grüne« Gegenargumente sind nicht genug, um die alte Verächtlichmachung der Menstruation aus unseren Köpfen zu verjagen. Und es geht mir auch keineswegs darum, ein »Zurück zur Natur« um jeden Preis zu propagieren. Ich möchte lediglich in Erinnerung rufen, daß es auch Alternativen gibt – und daß unsere innere Einstellung zum Menstruationsgeschehen eine große Rolle dabei spielt, was wir für akzeptabel halten und was nicht. Eine Frau, die Stoffbinden lediglich deshalb benutzt, weil sie kein Geld oder keine Gelegenheit hat, sich andere Hygieneartikel zu kaufen, fühlt sich deshalb nicht unbedingt schon naturnäher oder besonders wohl mit ihren »Tagen«. Andererseits kann ein Mädchen oder eine Frau, die Tampons bzw. Wegwerfbinden benutzt, trotzdem ein ausgesprochen gutes Verhältnis zu ihrer Menstruation haben. Es kommt ganz darauf an, ob sie gelernt hat, sich wegen ihrer Monatsblutung zu schämen – oder ganz unbefangen mit ihr umzugehen.

In ihrem Buch ›Drachenzeit‹[5)] beschreibt Luisa Francia, welche Art des Umgangs mit dem Menstruationsblut sie bei den Tuareg-Frauen kennenlernte, die im algerischen Tassili-Gebirge leben, fernab jeder sogenannten Zivilisation. Sie haben weder Watte noch Binden zur Verfügung – und brauchen sie auch gar nicht, denn: »Zu Beginn der Menstruation sondern sie sich von der übrigen Familie ab und hocken sich über ein Loch, das sie in die Erde graben. Sie lassen den ersten Blutfluß auslaufen und spannen dann die Muskeln an. Während der ganzen Menstruation gibt es Phasen, in denen sie bluten, und Phasen, in denen sie nicht bluten. Sie können das regulieren. Wenn gelegentlich etwas Blut tropft, stellen sie einfach die Beine breit.« Unter ihren langen Gewändern brauchen diese Frauen keine Unterhosen, die verfleckt werden könnten. Das hat noch einen zweiten Vorteil, schreibt Luisa Francia bewundernd: »Jederzeit kann Luft an die Vagina, und sie machen auch gelegentlich scherzhafte Sprünge und Bewegungen, die ihre Vagina auslüften. Mit ihrem Geschlecht gehen sie sehr offen um.«

Wattebinden und die Scheide verstopfende Tampons sind also durchaus nicht das Nonplusultra der Monatshygiene, als das sie von der Werbung immer dargestellt werden: Es geht, gewußt wie, sogar ganz ohne. Auch die beschriebenen natürlichen Produkte und Stoffbinden erfüllten stets ihren Zweck. Die Frauen, die sie zu allen Zeiten verwendeten, entstammten allen sozialen Schichten. Hohe Priesterinnen, Heilerinnen, Stammesälteste, Pharaoninnen, Kaiserinnen, Königinnen, Ärztinnen, Künstlerinnen, Lehrerinnen, Äbtissinnen, Kriegerinnen, Mathematikerinnen, Bäuerinnen, Dienerinnen, reiche und arme Frauen hatten (und haben auch heute noch) allmonatlich ihre Menstruation und schützten sich auf die eine oder andere Weise davor, ihre Kleidung zu verflecken.

Wir wissen vergleichsweise wenig über diesen Teil ihres Frauenalltags – so wie wir üblicherweise auch wenig über die Leibesfunktionen der männlichen »Helden« unserer Geschichte erfahren. Doch wir können annehmen, daß die Frauen sich mit ihren weiblichen Blutungen stets auf eine Weise arrangierten, die kaum weniger adäquat war als die Methoden, die uns heute zur Verfügung stehen. Ganz sicher ließen sie sich von ihren Berufen, Staatsgeschäften und Wissenschaften nicht durch etwas so Normales, allmonatlich Wiederkehrendes wie die Menstruation abhalten. (Weshalb und wie es dem Patriarchat dennoch gelang, Frauen u.a. ihrer Menstruation wegen zum »schwachen Geschlecht« zu deklarieren und sie aus dem öffentlichen Leben weitgehend fernzuhalten, ist eine andere Geschichte und kann in anderen Büchern nachgelesen werden; die Literaturhinweise in diesem Buch nennen eine Reihe davon.)

Ich denke, es tut ganz gut, uns das alles einmal ins Gedächtnis zu rufen. Wir neigen nämlich manchmal dazu, die Errungenschaften unseres Jahrhunderts kraß zu überschätzen. Auch ohne Computer – zugegeben ein sehr arbeitsvereinfachendes Instrument – sind jahrtausendelang schon höchst wichtige Berechnungen angestellt, großartige Bücher geschrieben und hervorragende Bauwerke entworfen worden. Nicht die Technologie, die dabei verwendet wird, macht das Wichtige an großen Leistungen aus. Wie Frauen dieser Welt auch ohne die angeblich unverzichtbaren Industrieprodukte ihre Menstruation handhab(t)en, gehört zu den unzähligen weiblichen Leistungen, die kaum je erwähnt, geschweige denn angemessen gewürdigt werden.

Eine weitere große Leistung der Frauen, nämlich Schwangerschaft und Gebären, hat die dänische Schriftstellerin Gert Brantenberg in ihrem vergnügt-ironischen Buch ›Die Töchter Egalias‹[7] einmal probeweise auf die Männer projiziert: In diesem Roman sind sie es, die Kinder in die Welt setzen. Und das tun sie mit großem Brimborium – denn wenn Männer etwas leisten, geht das selten unter Ausschluß der Öffentlichkeit vor sich. Ich kann Gert Brantenberg nur beipflichten: Hätten Männer statt der Frauen »ihre Tage«, würde der Werbe-Tenor für ihre Menstruationsartikel sicherlich sehr viel stolzer klingen. Und ganz bestimmt hätten sich längst würdige Feste zur Menarche etabliert.

Stolz und Wissen vermitteln

Ein gesunder Stolz auf ihre Weiblichkeit zählt zum Wichtigsten, was Sie Ihrer Tochter auf den Weg ins Frauenleben mitgeben können. Es reicht deshalb nicht aus, ihr zum passenden Zeitpunkt die Biologie zu erklären und ihr ein paar Binden in die Hand zu drücken, damit sie weiß, wohin mit dem Blut, das aus ihrer Scheide fließt. Ihre Tochter verdient es, daß Sie ihr mehr über die Menarche, die Menstruation, den Zyklus erzählen – mehr Positives, Schönes, Interessantes, gleichgültig, ob Sie sich an den medizinischen Fakten orientieren (siehe ab S. 43) oder an den historischen und kulturellen, von denen in diesem Buch noch viel die Rede sein wird.

Dabei möchte ich die *positiven* Fakten und Aspekte einmal ausdrücklich in den Vordergrund stellen. Von den negativen Aspekten, die das Frauwerden und Menstruieren in unserer Gesellschaft mit sich bringen können, ist sowieso allenthalben die Rede: Menstruationsbeschwerden, Zyklusstörungen, Angst vor Schwangerschaft, die Notwendigkeit der Empfängnisverhütung und so fort. Natürlich erledigt sich all das nicht von selbst, nur weil Sie beschließen, mit Ihrer Tochter ein Menarche-Fest zu feiern. Selbstverständlich ist die erste Menstruation für Eltern auch ein Anlaß zu Sorgen und Ängsten: Wie wird es dem Mädchen ergehen, was kann jetzt alles passieren, das vorher kaum ein Thema war? Wie wird die Tochter lernen, mit ihrer Sexualität umzugehen – und wie mit der desanderen Geschlechts? Wie können wir es schaffen, sie vor schlechten Erfahrungen, Verletzungen, ungewollter Schwangerschaft und anderen Gefahren des Heranwachsens zu bewahren?

Die körperliche Reife der Mädchen (und natürlich auch der Jungen!) bringt, das steht außer Frage, so manche Sorge mit sich. Daß es auch Schönes über die Menstruation zu sagen gibt, fällt dabei meistens unter den Tisch.

> *Für Mütter:* Vielleicht finden ja auch Sie es schwierig, viel Positives an der Menstruation zu entdecken. Die Gehirnwäsche, der Frauen (und Männer) jahrhundertelang unterzogen worden sind, wirkt auf vielfältige, teils ganz subtile Weise in uns allen nach. Das bedeutet aber nicht, daß sie immer die Oberhand behalten und es immer so weitergehen muß. Jeder Versuch, solche Altlasten abzuschütteln, lohnt sich. Lassen Sie es nicht Ihre Tochter entgelten, falls Sie mit Ihrer eigenen Menarche und Menstruation vorwiegend schlechte Erfahrungen machen mußten! Sie kann ganz gewiß nichts dafür. Helfen Sie ihr vielmehr, es in diesem Punkt tatsächlich leichter zu haben als Sie selbst. Sie werden sehen: Eine positive Haltung dazu einzunehmen, bringt auch Ihnen Gewinn.
>
> *Für Väter:* Geben Sie Ihrer Tochter nicht die Frauenverachtung mit, die frühere Männergenerationen meinten, ihrem weiblichen Nachwuchs vermitteln zu müssen. Seien Sie vielmehr froh, daß die Zeiten heute für Veränderungen reif sind und Ihre Tochter es wirklich besser haben kann als Frauen der vorangegangenen Generationen – mit weniger Vorurteilen und Tabus leben, was ihre organischen Funktionen anbelangt, und mit mehr Freude am eigenen, weiblichen Ich.

Je früher Sie damit beginnen, Ihrer Tochter ein gesundes weibliches Selbstbewußtsein zu vermitteln, desto besser verkraftet sie auch die vielen Unsicherheiten, das psychische und körperliche Auf und Ab und die sozialen Lernprozesse, die im Lauf der Pubertät unweigerlich auf sie zukommen. Eine gute, sachlich korrekte, dem jeweiligen Alter und der Aufnahmefähigkeit angepaßte und einfühlsame Aufklärung über die körperlich-seelischen Vorgänge des Frauwerdens trägt sehr zu diesem Selbstbewußtsein bei. Ein Mädchen, das in der Familie (oder von ihrer »Mondpatin«, siehe 8. Kapitel) viel über die Menstruation, den Zyklus und die Hormonumstellung in der Pubertät erfahren hat, wird sich von Halbwahrheiten, Verdrehungen und dummen Bemerkungen über diese Vorgänge, die es vielleicht irgendwo aufschnappt, nicht verunsichern lassen. Sie kann anderen selbstbewußter entgegentreten, wenn sie darüber Unsinn erzählen, und hat die Gewißheit, sich immer an kompetenter Stelle Rat holen zu können, falls neue Fragen auftauchen.

Da nicht vorhersagbar ist, ob Ihre Tochter zu den »Frühstarterinnen« oder »Spätzünderinnen« gehören wird (siehe dazu S. 44), sollten Sie mit der Aufklärung über die Menstruation spätestens anfangen, sobald sie zehn oder elf Jahre alt geworden ist. Das wird Ihnen unter Umständen leichter fallen, wenn Sie bedenken, daß die *Sexualaufklärung* (»Wie entsteht ein Baby?«) und die *Menstrualaufklärung* (»Was bedeutet die Monatsblutung?«) durchaus unabhängig voneinander besprochen werden können. Falls Ihre Tochter sexuell noch unaufgeklärt ist, können Sie das eine mit dem anderen verbinden; Sie müssen es aber nicht unbedingt. Die meisten Kinder wollen gar nicht mit zu vielen Informationen auf einmal überschüttet werden. Konzentrieren Sie sich zunächst auf die körperlichen und seelischen Veränderungen, die das Mädchen in der Pubertät erleben wird, und warten Sie ab, ob

Fragen zum Kinderkriegen kommen oder nicht. Signalisieren Sie Offenheit, aber überfordern Sie Ihre Tochter nicht. Kommt Zeit, kommt Rat.

Wie sag' ich's meiner Tochter?

Bei vielen indianischen und afrikanischen Völkern ist die Aufklärung über den weiblichen Zyklus und alles, was mit dem Frauwerden in der jeweiligen Gesellschaft zusammenhängt, eine wichtige Angelegenheit, die nicht quasi nebenbei erledigt werden kann, sondern Wochen, ja Monate in Anspruch nimmt (siehe 3. Kapitel). Auch Sie sollten also nichts überstürzen. Hier ein paar Anregungen, wie Sie dabei vorgehen können:

☾ Wählen Sie einen Zeitpunkt, zu dem Sie und Ihre Tochter ein einigermaßen entspanntes, streßarmes Verhältnis haben. Nehmen Sie sich Zeit für ein ruhiges Gespräch, und gehen Sie auf jede – auch scheinbar ablenkende – Zwischenfrage und -bemerkung Ihrer Tochter geduldig ein. Sie wird möglicherweise beim ersten Mal nicht gleich alles aufnehmen oder viele Erklärungen bekommen wollen. Kommen Sie immer wieder einmal auf das Thema zurück.

☾ Achten Sie unbedingt darauf, daß alles, was Sie Ihrer Tochter zur Menstruation erzählen, einen *positiven Unterton* hat! Der Ton macht die Musik. Jede Geschichte kann so oder so erklärt werden; haften bleiben nicht nur Inhalte, sondern auch die positive oder negative Bewertung des Gesagten, die dabei durchschimmert. Betonen Sie, was am Zyklusgeschehen spannend, gesundheitlich wichtig, natürlich und interessant ist. Beachten Sie Ihre Wortwahl und Ihre Körpersprache: Wenn Sie z.B. beim Wort »Blut« jedesmal angewidert das Gesicht verziehen, spürt Ihre Tochter nur Ihren Ekel – und übernimmt ihn mit großer Sicherheit. Die Chance, daß sie ein unbefangenes Verhältnis zu ihrer Menstruation entwickelt, ist dann erst einmal vertan. Wenn Sie nur schamhaft von »den Tagen« reden und das Wort Menstruation Ihnen nur schwer über die Lippen geht, bekommt Ihre Tochter das Gefühl, es handele sich um ein verbotenes Wort, ein Tabu. Wenn Sie vor allem über Ihre Schmerzen, Krämpfe und Beschwerden bei der Monatsblutung sprechen, hat Ihre Tochter rasch den Eindruck, all das sei ja ganz furchtbar und käme in dieser Form sicherlich auch auf sie selbst zu. Sie bekommt Angst vor der Menstruation (die Sie ihr durch die Aufklärung ja eigentlich ersparen wollten), und alles bleibt beim alten, wie seit vielen Generationen.

☾ Verpacken Sie die Menstrualaufklärung in eine spannende Erzählung darüber, was beim Zyklus alles passiert (siehe dazu ab S. 43). Je anregender und interessanter diese Informationen vermittelt werden, desto mehr merkt sich Ihre Tochter davon. Lassen Sie ihr auch Raum, eigene Phantasien drumherum zu entwickeln. Daran anknüpfend, können Sie sehr geschickt Fehlinterpretationen zurechtrücken und weitere Informationen einflechten.

☾ Erzählen Sie Ihrer Tochter nebenbei schöne Geschichten von Mädchen und Frauen aus anderen Ländern und anderen Zeiten, die mit dem Zyklus bzw. mit der Menstruation zu tun haben, und weisen Sie sie darauf hin, was Frauen alles schon erfunden und kulturell geleistet haben – vom Fortpflanzen des Menschengeschlechts einmal ganz abgesehen. In der Schule lernt Ihre Tochter solche Dinge eher nicht; sie sind für ihr weibliches Selbstwertgefühl aber ausnehmend wichtig. Es gibt dazu heute eine reichhaltige Literatur, und auch im 3. Kapitel ab S. 67 finden Sie viel Wissens- und Erzählenswertes.

☾ Machen Sie Ihrer Tochter immer wieder klar, daß Sie stolz darauf sind, sie nun auch (bald) zur jungen Frau heranwachsen zu sehen – und daß es für jede Mutter etwas ganz Besonderes ist, eine Tochter zu haben, der sie mit weiblichem Rat zur Seite stehen kann. Falls Sie sich öfter kabbeln und streiten, wie das in der Pubertät ganz normal ist: Lassen Sie durchblicken, daß Sie das zwar manchmal nervt, Ihrer Liebe aber keinen Abbruch tut. Sie wissen ja, dieser Ablösungsprozeß der Tochter von der Mutter, die *ihr eigenes* Geschlecht repräsentiert, ist ziemlich schwierig, für die Entwicklung des Mädchens zu einer eigenständigen Persönlichkeit aber sehr notwendig.
Für Väter: Manche Töchter schließen sich in der Pubertät enger an den Vater an (als Teil der Abnabelung von der Mutter); andere sträuben sich in dieser Zeit besonders gegen seine Autorität. Nehmen Sie's gelassen; solche Generationenkonflikte sind praktisch unausweichlich. Versuchen Sie, Distanzbedürfnisse und Privatsphäre Ihrer Tochter stets zu respektieren. Geben Sie Ihr Schutz – nicht durch Überbehütung, sondern durch Verständnis und Vertrauen.

☾ Wenn Sie keine rechte Möglichkeit sehen, mit Ihrer Tochter über alle wichtigen Dinge, die in der Pubertät passieren, in Ruhe zu reden, oder Ihre Tochter Ihnen zu verstehen gibt, daß sie – aus welchem Grund auch immer – nicht gern mit Ihnen darüber sprechen will, können Sie auch die Hilfe einer »Vertrauensfrau« für das Mädchen, einer »Mondpatin«, in Anspruch nehmen. Im 8. Kapitel habe ich die Bedeutung einer solchen Patenschaft dargestellt.

Das Zyklusgeschehen – eine spannende Geschichte

Auch moderne, körperbewußte Frauen haben manchmal Probleme damit, körperliche Vorgänge, die ihnen selbst vertraut sind, in einfachen Worten zu erklären: Schließlich handelt es sich um ziemlich komplizierte Vorgänge, die in vielen Büchern nur im »Medizinerlatein« beschrieben sind. Väter haben es noch ein bißchen schwerer mit der Aufklärung ihrer Töchter, weil sie ja nicht auf eigene Erfahrungen zurückgreifen, sondern nur erläutern können, was sie aus zweiter Hand wissen. (Das trifft auch auf Ärzte zu!) Im folgenden finden Sie daher eine Zusammenfassung der wichtigsten Punkte, die bei der Menstrualaufklärung angesprochen werden sollten. Wie Sie im einzelnen vorgehen, hängt ganz vom jeweiligen Wissensstand Ihrer Tochter und Ihrem gewohnten Umgang miteinander ab.

Am einfachsten bringen Mütter das Gespräch auf den Punkt, indem sie als Frau von sich selbst erzählen. Fragen Sie Ihre Tochter zum Beispiel, ob sie schon bemerkt hat, daß Sie ein paar Tage im Monat ein bißchen anders sind als sonst, vielleicht ungeduldiger, kürzer angebunden, ruhebedürftiger (oder auch besonders aktiv). Erklären Sie ihr, daß das besondere Tage in jedem Monat sind, die Sie erleben, weil Ihr Körper – wie der jeder erwachsenen Frau – ganz bestimmte rhythmische Wellenbewegungen durchmacht, die »Zyklus« genannt werden und sich wie Ebbe und Flut des Meeres jeden Monat wiederholen. Und wie die Gezeiten des Meeres hängen auch sie mit der Anziehungskraft des Mondes und den Phasen zusammen, die er jeden Monat einmal durchläuft. (Falls ihre Tochter sich für diesen Aspekt besonders interessiert, erzählen Sie ihr mehr über »Mond und Menses«; siehe dazu ab S. 139.)

Diese Zyklen kommen dadurch zustande, daß der weibliche Körper ab der Pubertät Hormone (Botenstoffe) produziert, die viele Aufgaben haben, Körperfunktionen in Gang setzen und sich auf Lust und Laune auswirken. Sehr vereinfacht gesagt, werden in der einen Zyklusphase, die jeweils mit dem ersten Blutungstag beginnt und ungefähr 14 Tage dauert, größere Mengen einer bestimmten Art von Hormonen – nämlich Östrogene – produziert, in der nächsten zweiwöchigen Phase weniger Östrogene. Je nachdem, ob es gerade viele oder wenige sind, fühlen Frauen sich mal so, mal so.

Daneben spielen noch drei andere Hormone, nämlich Progesteron, das Follikel-stimulierende Hormon FSH und das Luteinisierende Hormon LH eine große Rolle. Dies näher auszuführen, würde Ihre Tochter aber wohl überfordern und auch langweilen. Wenn Sie sich ganz genau informieren wollen, um auf spätere Fragen vorbereitet zu sein, hilft Ihnen z. B. mein Buch ›Hormone und Psyche‹[8] weiter.

Die Hormonumstellung der Pubertät beginnt viel früher, als viele Eltern annehmen: meist schon um das neunte Lebensjahr. Es dauert dann noch einige Zeit, bis die Auswirkungen der weiblichen Hormone, die nun langsam in immer größeren Mengen in der Hirnanhangdrüse, den Eierstöcken und den Fettgeweben des Körpers gebildet werden, auch äußerlich sichtbar werden: Die Brüste und Hüften beginnen sich zu runden, Achsel- und Schamhaare sprießen, die kindliche Mädchenstimme wird etwas tiefer, und der Körpergeruch verändert sich zum Fraulichen hin. Manche Mädchen schwitzen viel mehr als früher (eine hormonell bedingte Umstellung der Körpertemperatur-Regelung, die den Hitzewallungen am anderen Ende der Fruchtbarkeitsphase, in den Wechseljahren, ähnelt). Viele bekommen in der Pubertät Pickel und fettigere Haut; auch

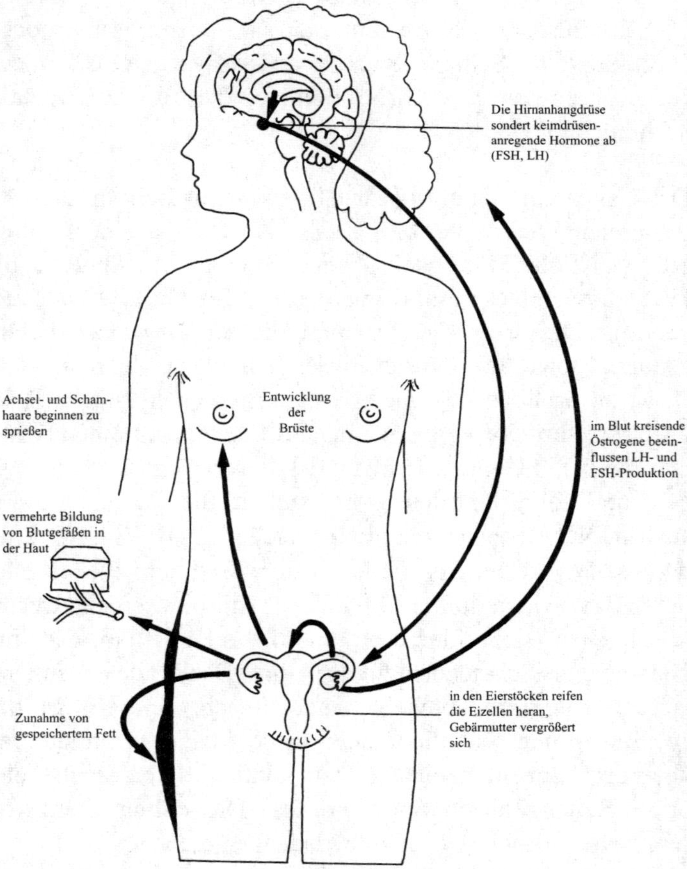

So beginnt die Pubertät

das hängt mit den Hormonen zusammen, die erst ein neues Gleichgewicht finden müssen. Müdigkeit und erhöhtes Schlafbedürfnis in der Pubertät sind ebenfalls hormonell bedingt: Im Schlaf werden verstärkt Wachstumshormone ausgeschüttet. Der Körper holt sich die Ruhe, die er dazu braucht.

Das Nahen der ersten Menstruation kündigt sich mit dem sogenannten Weißfluß *(Fluor albus)* an. Das ist eine farblose oder weißliche Flüssigkeitsabsonderung aus der Scheide, die kleine nasse Flecken im Slip hinterläßt. Sie bedeutet, daß nun auch die Drüsen am Muttermund, die den *Zervixschleim* absondern, sowie die Drüsen in der Scheidenschleimhaut verstärkt zu arbeiten beginnen. So lange noch nicht genügend Östrogene im Körper des Mädchens kreisen, um einen richtigen Zyklus in Gang zu bringen, ist dieser Weißfluß die einzige – und völlig harmlose – Flüssigkeit, die aus der Scheide austritt. Nur wenn sie irgendwie unangenehm riecht, mit Eiter durchsetzt ist oder das Mädchen über Brennen, Jucken oder Schmerzen klagt, sollten Sie eine Ärztin bzw. einen Arzt zu Rate ziehen (siehe hierzu ab S. 60). Es kann sein, daß Ihre Tochter eine Scheidenentzündung hat. Bei Mädchen mit intaktem »Jungfernhäutchen« (medizinisch: Hymen) ist das zwar sehr ungewöhnlich, aber diese kleine Hautmembran über dem Scheideneingang kann ohne weiteres auch beim Sport, Reiten, Tanzen, Spielen reißen! Das sollten Eltern wissen, bevor sie sich sorgenvolle Gedanken machen.

Erklären Sie Ihrer Tochter die verschiedenen Reifungsstadien ihrer Pubertät Schritt für Schritt, und beruhigen Sie sie, falls sie sich über irgendeine Phase ihrer körperlichen Entwicklung Sorgen machen sollte: Sie läuft bei jedem Mädchen zeitlich verschieden und auch in unterschiedlicher Reihenfolge ab. Es ist überhaupt nicht ungewöhnlich, wenn z.B. eine jüngere Freundin körperlich schon viel weiter zu sein scheint oder eine ältere Freundin noch keinen ausgeprägten Busen, aber schon ihre Periode hat. Manchmal kommt es vor, daß die Blutung erst einsetzt und dann nach einigen Malen wieder versiegt, bevor sie – unter Umständen Jahre später – erneut auftritt. Das passiert vor allem, wenn ein Mädchen große persönliche Probleme mit dem Frauwerden hat oder ihr alles zuviel wird, was da in der Pubertät – eventuell auch an familiären Konflikten – auf sie einstürzt. Die geistig-seelische Reife kann dann der körperlichen einen Schritt vorauseilen. Abwarten und Frauenmanteltee trinken (siehe S. 59) ist dann zunächst das Beste. Sicherheitshalber kann Ihre Tochter sich außerdem ärztlich untersuchen lassen.

Der Zeitpunkt der ersten Blutung hängt von Erbfaktoren, aber auch stark vom Körpergewicht ab. Bei sehr dünnen, zarten Mädchen liegt er meist später als bei robusteren, hochgewachsenen. Bis sich richtige, regelmäßige Zyklen einstellen, kann es Monate bis Jahre dauern.

Das Mädchen sollte erfahren: Diese Zyklen sind wichtig, falls es im späteren Leben einmal Kinder haben möchte. Aber sie sind auch dann wichtig, wenn es sich z.B. für eine berufliche Karriere statt für Kinder entscheidet: Sie gehören nämlich zur natürlichen Gesundheit des weiblichen Körpers.

Und weil Körper und Seele jedes Menschen untrennbar miteinander verbunden sind, haben diese Zyklen auch Einfluß auf das seelische Befinden: Je höher die »Flut« steigt, desto unruhiger und nervöser werden viele Frauen, und desto mehr haben sie das Bedürfnis, von anderen in Ruhe gelassen zu werden, um sich auf sich selbst konzentrieren zu können. Bei »Ebbe« sind sie dann wieder ausgeglichener, und auch die Beschäftigung mit anderen fällt ihnen leichter. Erklären Sie Ihrer Tochter, daß solche Stimmungsschwankungen möglicherweise auch auf sie zukommen werden und in der Pubertät oft sehr ausgeprägt sind, weil die Hormone erst zu einem Gleichgewicht finden müssen. Sobald es sich ein paar Jahre später einmal eingestellt hat, beruhigen sich auch die Gefühle wieder. Das hilft Ihrer Tochter, die eigene Gefühlswelt, das Schwanken zwischen »himmelhoch jauchzend« und »zu Tode betrübt«, besser zu verstehen.

Vielleicht hat sich Ihre Tochter schon einmal Gedanken darüber gemacht, daß im Badezimmer Päckchen mit Binden oder Tampons liegen, und will von Ihnen wissen, wozu sie benutzt werden. Erklären Sie ihr, daß diese Dinge den Frauen vorbehalten sind: Vater und Bruder können damit nichts anfangen, denn sie haben bestimmte innere Organe nicht, die nur der weibliche Körper besitzt. Erzählen Sie Ihrer Tochter von den beiden Eierstöcken mit ihren vielen Tausenden von winzigen Eizellen, die seit ihrer Geburt darauf sitzen und von denen im Lauf ihres Lebens immer wieder welche heranreifen werden, wie Knospen, aus denen irgendwann Früchte werden können (siehe dazu Abbildung S. 45). Ein echtes »Wunder der Natur« nennt die amerikanische Biologin und Hormonforscherin Dr. Winnifred B. Cutler in ihrem Buch ›Rhythmus der Liebe‹[9)] diese periodisch ablaufenden Reifungsvorgänge im Innern des weiblichen Körpers, bei denen die Eierstöcke, einzelne Eizellen und die Zellverbände an der Gebärmutter-Innenwand im unablässigen monatlichen Wechsel immer wieder Form, Farbe, Größe und Funktion verändern und doch die gleichen Organe bleiben – so wie das Meer immer wieder sein Aussehen, seine Farbe, seinen Wasserstand ändert, mal aufgewühlt ans Ufer brandet, dann wieder spiegelglatt daliegt und doch immer das gleiche Meer ist. Diese zyklischen Veränderungen, die sich jeden Monat – von Schwangerschaften, einem weiteren Wunder des weiblichen Körpers, abgesehen – ungefähr dreieinhalb Jahrzehnte lang im Leibesinneren der

Frau abspielen, sind laut Cutler in dieser Art absolut einzigartig. Ein Grund mehr, darüber zu staunen und stolz auf diese weibliche Besonderheit zu sein.

Was da jeden Monat passiert, ist eine spannende Geschichte, die Ihre Tochter sicher interessieren wird: wie eine »Knospe« (Eihülle mit einer Eizelle darin) sich jeden Monat vergrößert, dann aufplatzt ähnlich einer Blüte, die ihre äußere Hülle abstreift; wie die reife Eizelle dann vom Eierstock in den Eileiter hüpft (Eisprung, der die zweite Zyklusphase einleitet), darin einen Tag lang herunterwandert, von winzigen Flimmerhärchen an der Eileiterwand vorangestupst, bis sie endlich in der Gebärmutter angekommen ist; und wie sie dort eine Art »Nest« vorfindet, das die Gebärmutter inzwischen aufgebaut hat. Dort kuschelt sich die Eizelle hinein und wartet ab, was passieren wird.

Bei jungen Mädchen, können Sie Ihrer Tochter an dieser Stelle erklären, passiert nun erst einmal gar nichts. Ein Baby ist ja noch nicht angesagt. Erst wenn die erwachsene Frau einen Mann kennenlernt, den sie sehr liebgewinnt und sich als Vater für ein Kind wünscht, können sie und der Mann gemeinsam beschließen, einer solchen kleinen Eizelle ihren männlichen Gegenpart hinzuzufügen, die Spermazelle. Aus beiden gemeinsam kann dann ein Kind wachsen. Bis dahin »übt« der weibliche Körper sozusagen, damit später mit der Fruchtbarkeit auch alles gut klappt – ganz ähnlich, wie Vokabeln immer wiederholt werden müssen, bis sie endlich »sitzen«. – Ob das momentan genügt, oder ob Ihre Tochter noch Genaueres zum Kinderkriegen wissen will, auf das Sie dann altersgemäß eingehen, sollten Sie abwarten. Viele weitere Informationen zur Sexualaufklärung finden Sie z.B. in meinem Buch ›100 Fragen zur Sexualität der Frau‹[10)]; es ist auch für junge Mädchen, die schon etwas reifer sind, durchaus verständlich und lesenswert.

Zurück zur Eizelle: Nach ein paar Tagen im »Nest« merkt sie, daß keine Spermazelle eingetroffen ist, mit der sie sich zu einem Embryo verbinden könnte. Auch die Gebärmutter weiß, was sie jetzt zu tun hat: Sie muß das vorbereitete »Nest« wieder auflösen. Denn wenn sie das nicht täte, würde es mit der Zeit immer dicker und dicker werden, weil ja jeden Monat ein weiterer Aufbau-Befehl von den Hormonen gesendet wird. Und irgendwann wäre dann kein Platz mehr für ein Baby, das vielleicht in der Gebärmutter wachsen soll. Also muß das Nest jedesmal abgebaut und im nächsten Zyklus wieder frisch aufgebaut werden, mit allen Nährstoffen, die dafür nötig sind – und die ja auch ein »Verfallsdatum« haben, wenn sie nicht gebraucht werden.

Um das Nest abbauen zu können, muß die Gebärmutter, dieser kleine Hohlmuskel, sich ziemlich anstrengen und immer wieder wellenförmig zusammenziehen. Wie schon auf S. 13 beschrieben, kann das ein bißchen weh tun oder Krämpfe verursachen, die so ähnlich sind wie ein Muskelkater. Und weil auch viele winzige Blutgefäße dabei von der Gebärmutterwand wieder abgetrennt werden, durch die das Nest sehr gut mit Blut und Sauerstoff versorgt worden ist, fließt dabei jeden Monat ein bißchen Blut. Dieses Blut kann natürlich nicht im Körper bleiben, weil es sich dort mit der Zeit anstauen und Beschwerden bereiten würde. Also hat die Natur dafür gesorgt, daß es abfließen kann – von der Gebärmutter durch den Muttermund hindurch in die Scheide und dann durch eine kleine Öffnung am Scheidenausgang aus dem Körper heraus.

Dieses Blut hat viele positive Eigenschaften (siehe S. 30) und ist überhaupt nicht »schmutzig«. Allerdings kann es Flecken in die Kleidung machen; damit das nicht passiert, benutzen Sie jeden Monat einige Tage lang eine weiche Binde oder einen Tampon, mit denen Sie das Blut auffangen.

Wenn Ihre Tochter das erste Mal einen kleinen Blutflecken

auf dem Bettlaken oder im Slip bemerkt, braucht sie sich also kein bißchen zu genieren, sondern sollte Ihnen sofort davon erzählen: Ein Päckchen mit Hygieneartikeln liegt dann schon für sie bereit, und Sie freuen sich darauf, es ihr überreichen zu können. Versuchen Sie aber, auch wirklich Freude zu zeigen, wenn es einmal so weit ist – selbst wenn es Ihnen lieber gewesen wäre, Ihr »kleines Mädchen« wäre noch eine Zeitlang klein geblieben! Die Natur hat ihre eigenen Rhythmen und richtet sich nicht nach unseren Wünschen und Idealvorstellungen.

> Ihre Tochter kann stolz auf sich und ihren weiblichen Körper sein: Die rote Spur zeigt an, daß ihre inneren Organe und Hormone wunderbar funktionieren und in ein neues Reifestadium eingetreten sind. Die erste Menstruation ist daher ein Anlaß zu feiern. Machen Sie Ihre Tochter jetzt schon neugierig auf das kleine Fest, das sie dann extra für diesen Anlaß erwartet! Je früher ein Mädchen erfährt, daß ihre Menarche ein Fest wert ist, desto mehr wird sie sich darauf freuen, statt sich womöglich davor zu fürchten.

Bereiten Sie Ihre Tochter außerdem darauf vor, daß es in der Pubertät ganz normal ist, wenn die »Periode« nicht immer pünktlich jeden Monat zur gleichen Zeit kommt. Der Organismus braucht seine Zeit, um einen individuellen Rhythmus zu finden. Manche Mädchen menstruieren von Anfang an ca. alle vier Wochen; bei den meisten anderen ist der Rhythmus zunächst noch monate- oder jahrelang unregelmäßig und pendelt sich erst beim Erwachsenwerden auf eine bestimmte Periode ein. Oft ist sie genauso lang wie ein kompletter Mondumlauf um die Erde: 29,5 Tage. Die Zeit von einer Menstruation zur nächsten kann aber auch kürzer oder länger sein. In der Pubertät gibt es dafür keine festen Regeln; so ziemlich alle

Abstände sind normal. Später gelten Zyklen von 23 bis 33 Tagen Dauer medizinisch als »unauffällig« (es sei denn, die Fruchtbarkeit wäre in irgendeiner Weise gestört, z.B. weil kein Eisprung stattfindet oder eine der beiden Zyklusphasen im Verhältnis zur anderen viel zu lang oder zu kurz ist). Die besten Aussichten auf ungestörte Fruchtbarkeit, fand Dr. Winnifred B. Cutler heraus, haben Frauen, die ziemlich genau im 29,5-Tage-Rhythmus und außerdem immer zur Zeit des Vollmonds menstruieren: ein weiterer Hinweis darauf, wieviel Frau Luna mit der Monatsblutung zu tun hat.

Diese Details sind für Ihre Tochter aber erst bedeutsam, wenn sie ihre Pubertät hinter sich hat, Beziehungen zum anderen Geschlecht eingeht, über Empfängnisverhütung nachdenkt bzw. sich fester bindet. In den ersten Gesprächen zur Menstrualaufklärung muß all das noch kein Thema sein.

Viel anschaulicher und nicht so theoretisch-trocken wird das ganze Zyklusgeschehen, wenn Sie es Ihrer Tochter anhand eines Zyklus- oder Mondkalenders demonstrieren oder vielleicht sogar einen solchen – kreisförmigen! – Kalender mit ihr zusammen basteln (siehe dazu ab S. 145). Falls Sie selbst schon einmal einen Menstruationskalender geführt haben, z.B. zur natürlichen Empfängnisverhütung oder um einer Zyklusstörung auf die Spur zu kommen, könnten Sie Ihrer Tochter diese Aufzeichnungen »von Frau zu Frau« zeigen und erklären. Manchmal stellt sich dabei ein ganz neues Verbundenheitsgefühl zwischen Tochter und Mutter ein: Die Tochter fühlt sich ernstgenommen und wird in »Frauengeheimnisse« eingeweiht; die Mutter wiederum freut sich, jetzt eine »Verbündete« in Frauensachen zu haben. Natürlich könnte auch eine Mondpatin (siehe ab S. 194) diese Aufgabe übernehmen.

Ganz ähnliche Unterweisungen erhalten Mädchen z.B. in afrikanischen Kulturen während ihrer Initiationszeit (siehe 3. Kapitel). Es ist nicht einzusehen, weshalb Mädchen in unserer angeblich so aufgeklärten High-Tech-Gesellschaft nicht ebensoviel über den Zyklus erfahren sollten wie heranwachsende junge Frauen in sogenannten Entwicklungsländern. Zwar leben wir in anderen soziokulturellen Zusammenhängen, und junge Frauen heiraten bei uns in aller Regel später, als es in Afrika oder Südamerika oft der Fall ist. Die Menarche haben sie jedoch hier wie dort etwa im selben Alter; ihre Menstruation verläuft auf der ganzen Welt auf die gleiche Weise, und alle Mädchen haben es gleichermaßen nötig, rechtzeitig über etwas informiert zu werden, das sie einen großen Teil ihres Frauenlebens lang begleiten wird.

Menstruationsbeschwerden lindern und verhindern

Falls Sie öfter unter Menstruationsbeschwerden leiden, können Sie Ihrer Tochter ruhig davon erzählen, daß Sie persönlich an diesen Tagen manchmal etwas Bauchweh, Kreuzschmerzen oder Migräne haben bzw. sich nicht so leistungsfähig und aktiv fühlen wie sonst. Erklären Sie Ihrer Tochter aber unbedingt auch, daß es vielen anderen Frauen nicht so geht und sie kaum etwas von der Arbeit merken, die ihre Gebärmutter in dieser Zeit leistet. Individuell ist das Befinden während der Menstruation ganz unterschiedlich – und hängt auch sehr davon ab, ob das Mädchen oder die Frau sich überhaupt in ihrem weiblichen Körper wohlfühlt, gerade sehr im Streß oder unglücklich ist, Liebes- oder anderen Kummer hat, mit ihrem Leben zufrieden oder unzufrieden ist. Mit anderen Worten: Ob sie sich während ihrer Periode gut oder schlecht fühlt, hat viel weniger mit der Menstruation selbst als mit ihrer Einstellung dazu und mit ihrem allgemeinen Lebensgefühl zu tun.

> Wie aus der psychosomatischen Medizin bekannt ist, fangen Schmerzen im Kopf an: Sie werden dort als solche registriert (oder eben nicht), werden im Limbischen System des Gehirns mit Emotionen »eingefärbt« und bewertet. Streß, Unlust, Scham, Ärger usw. verstärken sie; Entspannung, Lust, Unbefangenheit, Freude usw. verringern sie. Das gilt auch für Regelschmerzen! Versuchen Sie also, Ihrer Tochter ein gutes Gefühl zu ihrer Menstruation mitzugeben. Dann wird sie mit großer Wahrscheinlichkeit auch viel weniger Beschwerden verspüren.

Annie Leclerc, die bekannte französische Philosophin, sagte einmal über ihre Menstruationsschmerzen: Seit sie erfahren habe, wie sie zustandekommen und welche Arbeit ihr gesunder weiblicher Körper dabei jeden Monat leiste, empfinde sie ihre Beschwerden gar nicht mehr als Schmerz. Sie betrachte vielmehr staunend ihren Unterleib, in dem es sich rührt und rumort, und lausche mit einer gewissen Zufriedenheit auf die Signale, die daraus dringen und ihr anzeigen, daß alles seinen natürlichen Gang geht.

Ob wir etwas als Schmerz oder Unbehagen empfinden, hängt sehr von der *Bewertung* ab, mit der wir dieses Körpersignal versehen. Ein Ziehen oder ein Krampf, der uns vor allem lästig und unangenehm ist, weil er uns an etwas Lästiges oder gar Peinliches erinnert (nämlich die Menstruation und damit unser Frau-Sein), tut viel mehr weh als Ziehen oder Krämpfe, die wir als etwas Natürliches zu akzeptieren gelernt haben. Unsere Psyche braucht sich nicht dagegen zu wehren, und so verkrampft sich auch unser Körper viel weniger.

Sie können Ihrer Tochter sehr helfen, wenn Sie ihr diese Zusammenhänge in einfachen Worten erklären und ihr sagen, sie könne sich jederzeit an Sie wenden, falls sie einmal Beschwerden haben sollte, die mit ihrer Menstruation zusammenhängen. Solche Beschwerden können sich übrigens schon vor der Menarche einstellen – und sind dann meist ein sicheres Zeichen dafür, daß es demnächst wohl so weit ist. In meinem Buch ›Naturheilkunde. Das Handbuch für Frauen‹[11)] finden Sie sehr viele verschiedene Ratschläge dazu, was Sie bzw. Ihre Tochter gegen Menstruationsbeschwerden unternehmen können. Am besten wäre es natürlich, sie von vornherein zu verhüten. Dazu eignen sich vor allem Entspannungsmethoden wie etwa das Autogene Training, bestimmte Atem- oder Yogaübungen, bei denen der gesamte Unterleib gut durchblutet und damit durchwärmt wird, die Muskeln – auch die der Gebärmutter – in einen Zustand der »Wohlspannung« (nicht zu fest, nicht zu lasch) versetzt werden, und es die Seele gar nicht nötig hat, Abwehrspannungen aufzubauen.

Hatha-Yoga, die im Westen am weitesten verbreitete Form des Yoga, hat zudem einen sehr positiven Einfluß auf die gesamte weibliche Gesundheit und den Hormonhaushalt. Einzelheiten dazu können Sie z. B. in dem von meiner Mutter, der Yogalehrerin Anni Kraus, und mir verfaßten Buch ›100 Fragen zu Yoga‹[12)] nachlesen. Falls Sie selbst schon einmal einen Entspannungs- oder Yogakurs besucht haben, kennen Sie sicher einige Übungen, die Sie auch Ihrer Tochter beibringen können. Je früher, desto besser, denn dann lernt sie rechtzeitig zwei wichtige Dinge: nämlich, *daß* sie gegen etwaige Menstruationsbeschwerden etwas unternehmen kann, sie also kein unvermeidliches, schreckliches Frauenschicksal sind, und auch, *was* sie allein oder mit Ihrer Hilfe tun kann.

Sollten Sie selbst schon immer Lust auf einen Yoga- oder Entspannungskurs gehabt haben, wäre es sicher eine Überlegung wert, ihn gemeinsam mit Ihrer Tochter zu belegen! Natürlich nur, falls sie auch Freude daran hätte. Zwingen sollten Sie sie nicht. Ihre Neugier wird aber sicher geweckt, wenn sie Ihnen zu Hause ab und zu beim Üben zuschauen darf.

Sie können auch die Sportlehrerin Ihrer Tochter bitten, den Mädchen in der Klasse nach und nach solche speziellen Entspannungsübungen beizubringen. Sie wird vielleicht zunächst überrascht sein über den Wunsch, den Sie ihr da vortragen. Völlig ablehnend dürften aber heute wohl nur noch die wenigsten darauf reagieren. Immerhin nützt es ja auch dem Sportunterricht, wenn die Mädchen sich auch vor und während ihrer Periode fit genug fühlen, daran teilzunehmen, statt die Menstruation als willkommene Ausrede zum Aussetzen zu mißbrauchen.

Folgende Atem- und Körperübungen sind besonders gut geeignet, Menstruationsbeschwerden abzufangen oder zu mildern:

☾ **Die tiefe Bauchatmung.** Ganz entspannt auf den Rücken legen, die Hände locker in Nabelhöhe auf dem Bauch. Erst tief ausatmen (am besten durch die Nase), dann ganz tief einatmen, wobei sich der Bauch mit den Händen darauf deutlich nach oben bewegen muß. Dann langsam wieder ausatmen, bis auch das letzte Restchen Luft aus dem Bauchraum entwichen zu sein scheint. (Die Atemluft gelangt natürlich nur bis in die Lungenspitzen, nicht in den Bauch; doch weil sich das Zwerchfell – der große Atemmuskel – beim tiefen Einatmen so stark dehnt und beim Ausatmen wieder absinkt und dabei die Organe des Bauchraums massiert, stellt sich das Gefühl ein, der Atem dringe wirklich so weit nach unten.)
  Anschließend ein, zwei Züge normal atmen, dann die tiefe Bauchatmung mehrmals hintereinander wiederholen. Ge-

danklich sollten Sie bzw. Ihre Tochter sich dabei vor allem auf den Bauchraum konzentrieren: Spüren Sie, wie er sich weitet und erwärmt, weil er viel besser durchblutet und mit Sauerstoff versorgt wird. Fühlen Sie, wie Spannungen weichen und Krämpfe in weicheren Wellen anrollen, bis sie schließlich nachlassen. Lehren Sie Ihre Tochter, dabei fest an ihre Gebärmutter zu denken und ihr liebevolle Gefühle zu schicken: Sie muß schließlich gerade schwer arbeiten und hat Zuspruch und Zuneigung nötig.

☾ **Die Kreuzbeinschaukel.** Das ist eine Übung aus dem Hatha-Yoga, die meine Mutter in ihren Yogakursen oft empfiehlt, wenn Frauen über menstruationsbedingte Rückenschmerzen klagen.
In Rückenlage auf den Boden legen, die Arme leicht ausbreiten, entspannen und ein paarmal ganz ruhig aus- und einatmen. Dann die Knie zur Brust heranziehen – nicht ruckartig, sondern gemächlich, und die Füße dabei lockerlassen! Immer ruhig weiteratmen, das ist sehr wichtig. Einen Moment in der Waage bleiben, dann die angewinkelten Knie so langsam wie möglich nach rechts sinken lassen.

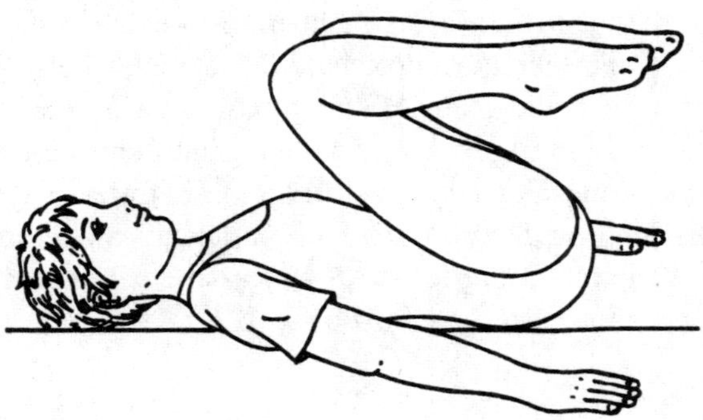

Die Punkte, auf denen das Kreuzbein (der Rückenbereich oberhalb des Pos, der vor und während der Periode oft weh tut) den Boden berührt, verlagern sich bei dieser Drehung: Die Aufmerksamkeit sollte ganz auf diese Druckpunkte gerichtet werden! Über den großen Hüftmuskel allmählich abrollen, bis die Knie kurz über dem Boden sind. (Wenn das anstrengend war, dürfen sie auch kurz auf den Boden gelegt werden.) Ruhig weiteratmen, dann die Knie ganz langsam wieder hochnehmen, einen Moment in der Waage bleiben und dann allmählich nach links sinken lassen, dabei immer auf die Druckpunkte, das Dehnen und die sich ausbreitende Wärme im Kreuzbereich achten. Die Übung mehrmals wiederholen, dann die Füße auf den Boden aufstellen, liegenbleiben, ein paarmal tief aus- und einatmen und dann langsam aufstehen. (Bei allzu schwungvollem Hochkommen kann Ihnen schwindlig werden!)

☾ **Bauchtanz.** Die Grundübung dazu ist das Kippen des Beckens, vor und zurück, immer wieder, so geschmeidig und unangestrengt wie nur irgend möglich; das löst Verspannungen im Beckenbereich. Dann folgt das Beckenkreisen, das sich sehr gut auch mit einem Hula-Hoop-Reifen üben läßt. Die Beine werden dabei leicht gegrätscht aufgestellt (nicht die Knie durchdrücken!). Der Körperschwerpunkt, das Zentrum, liegt so genau im »Zentrum der Weiblichkeit«, nämlich kurz unterhalb des Bauchnabels. Wer es richtig macht und ohne Anstrengung kreist und schwingt, spürt dabei eine kraftvolle Spannung an den Außenseiten der Ober- und Unterschenkel und eine befreiende Lockerkeit in der Bauchregion, die sich geradezu mit Energie zu füllen scheint. Krämpfe und Schmerzen entstehen erst gar nicht oder lösen sich im Tanz auf.

Weitere Hilfen

Gut gegen prämenstruelle Spannungen und Menstruationsbeschwerden sind außerdem folgende Maßnahmen:

- entspannende Mittel der Aromatherapie, etwa Lavendel, Melisse oder Rose, in einer Duftlampe verwendet;
- ein angenehm warmes Halb- oder Vollbad mit Lavendel- oder Melissenessenz; falls die Menstruation schon eingesetzt hat, dabei keinen Tampon tragen, sondern das bißchen Blut ruhig einmal frei laufen lassen;
- eine Wärmflasche auf den Bauch;
- eine etwa zehnminütige Infrarotlicht-Bestrahlung auf die schmerzenden, verspannten Körperpartien (Unterbauch, Kreuz); dabei die tiefe Bauchatmung – siehe oben – praktizieren;
- sanft kreisende Bauch- oder Kreuzbeinmassagen, jeweils mindestens fünf Minuten lang;
- zwei- bis dreimal am Tag eine Tasse Frauenmanteltee (aus der Apotheke oder dem Kräuterladen); pro Tasse 1–2 Teelöffel Blätter mit kochendem Wasser übergießen, zehn Minuten zugedeckt ziehen lassen, abseihen und in kleinen Schlucken trinken.

Ihre Tochter sollte das Gefühl bekommen, daß es völlig in Ordnung ist, wenn sie sich an einigen Tagen des Monats etwas anders, vielleicht ruhebedürftiger oder weniger wohl fühlt als sonst: Schließlich geht in ihrem Körper jetzt auch etwas Besonderes vor, auf das Rücksicht genommen werden darf und kann. Frauen sind schließlich keine Männer – und sollten meines Erachtens auch nicht so tun, als wären sie welche (so sehr ich dafür eintrete, daß das weibliche Geschlecht gegenüber dem männlichen nirgendwo benachteiligt wird). Davon abgesehen: Auch Jungen und Männer haben Stimmungs- und Befindensschwankungen, genau wie Mädchen und Frauen.

Unser großer Vorteil ist, daß sich bestimmte Schwankungen zeitlich sehr gut voraussagen lassen, die des männlichen Geschlechts hingegen nicht. Das macht es viel schwieriger, sich auf sie einzustellen und mit ihnen umzugehen.

Verzärteln sollten Sie Ihre Tochter allerdings auch nicht, wenn sie über prämenstruelle oder menstruelle Beschwerden klagt. Dann kann es nämlich passieren, daß sie diese Symptome überbewertet, ja direkt darauf wartet, daß sie sich wieder einstellen – und mit ihr all die angenehme familiäre Fürsorge, die ihr sonst vielleicht nicht so oft zuteil wird, die sie aber auf jeden Fall sehr genießt. Versuchen Sie, das richtige Maß an Fürsorglichkeit zu finden, bei dem die Menstruation weder zur Krankheit deklariert noch als Tabu einfach übergangen wird. Bemerkungen wie »Stell dich bloß nicht so an!« tun dem Mädchen ebensowenig gut wie überbehütendes »Ach, du arme Kleine!« Geben Sie ihr die Zuversicht, daß die Beschwerden auch wieder vergehen – und mit dem Erwachsenwerden außerdem meist noch geringer werden. Je besser sie sich von Anfang an mit den Veränderungen ihres Körpers und seinem zyklischen »Rumoren« anfreundet, desto weniger wird sie sich davor fürchten oder sich unbehaglich dabei fühlen.

Wann braucht ein Mädchen ärztliche Hilfe?

Grundsätzlich, so die Gynäkologin Dr. med. Mura Kastendieck, sind Menarche und Pubertät durchaus *kein* Grund, Mädchen einer frauenärztlichen Untersuchung zuzuführen. Wie sie auf einem Kongreß des »Arbeitskreises Frauengesundheit« Anfang November 1995 in Bad Pyrmont betonte, handelt es sich dabei schließlich um völlig normale Entwicklungsschritte, die keinerlei Krankheitswert haben (es sei denn, irgend etwas liefe dabei deutlich unnormal ab). In unserer Gesellschaft habe es sich allerdings beinahe schon eingebürgert, ganz natürliche weibliche Lebensphasen wie Pubertät, Schwangerschaft und Wechseljahre als etwas anzusehen, das potentiell Probleme birgt und deshalb unbedingt ärztlich überwacht werden müsse. So werden Mädchen von Beginn ihres Frauenlebens an unter ärztliche Kontrolle gebracht – als sei Weiblichkeit *per se* ein Risikofaktor, der zu Krankheit und Behandlungsbedürftigkeit prädisponiere.

Eine solche Einstellung nützt tatsächlich nur den Ärzten, deren Praxen sich damit füllen, und der Pharmaindustrie, deren Produkte dann gegen Unwohlbefinden und angebliche »Unregelmäßigkeiten« verordnet werden – oft ganz unnötigerweise. Gesunde Mädchen (und Frauen) brauchen keinen Arzt. Bedenken Sie das, wenn Sie überlegen, ob Sie Ihre Tochter vielleicht »zur Sicherheit« mit zu Ihrem Frauenarzt nehmen sollten, oder sie selbst unsicher ist, was ihre pubertäre körperliche Entwicklung anbelangt. Am Schluß des Buches auf S. 200 finden Sie einige Ratgeber, die Ihnen viele Fragen dazu beantworten.

Zu einer Ärztin bzw. zum Arzt gehen sollten Sie mit Ihrer Tochter allenfalls dann, wenn die Regelbeschwerden jedes Mal sehr heftig sind, das Mädchen nicht zur Schule gehen kann und keines der obengenannten Selbsthilfemittel etwas nützt. Dann sollte geklärt werden, woran das liegen könnte. Pubertierende Mädchen gehen übrigens meistens sehr viel lieber zu einer Ärztin als zu einem Arzt, es sei denn, sie kennen den Mann schon lange und haben ein gutes Vertrauensverhältnis zu ihm. Berücksichtigen Sie dieses natürliche Schamgefühl, und schicken Sie Ihre Tochter keinesfalls zu einem »Onkel Doktor«, vor dem es Angst hat. Die intime Untersuchung, die möglicherweise nötig sein wird, ist meist schon traumatisch genug. (Denken Sie daran, wie Sie selbst sich auf dem Gynäkologenstuhl fühlen!)

Mädchen, die gerne und regelmäßig Sport treiben, haben übrigens in aller Regel weniger unter Menstruationsbeschwerden zu leiden als solche, die sich nur ungern bewegen. Anscheinend wird ein gut durchtrainierter Organismus auch mit der allmonatlichen »Trainingsarbeit« der Gebärmutter viel leichter fertig. Doch Vorsicht: Beim Leistungs-, gar beim Hochleistungssport hört dieser Vorteil auf. Nicht wenige Mädchen trainieren so hart, daß ihre inneren Organe viel länger unentwickelt bleiben, als es normalerweise der Fall wäre. Zudem bleiben die Mädchen, bedingt durch Training und strikte Diät, oft so mager, daß sie das für die Menarche notwendige Körpergewicht nicht erreichen – ein Hinweis auf Magersucht (siehe unten). Und dann gibt es auch äußerst unvernünftige Eltern, denen die sportlichen oder tänzerischen Hochleistungen ihrer Töchter und der damit einzuheimsende Ruhm – samt Geld – wichtiger sind als deren gesunde Entwicklung. Sie lassen sie zusätzlich noch mit künstlichen Hormonen behandeln, damit die Mädchen nur ja nicht ihre Periode bekommen. Und Ärzte spielen bei diesem Unfug mit, indem sie die entsprechenden Präparate verschreiben. (Was sie wohl zu dem Ansinnen sagen würden, die gesunde Reifung *männlicher* Kinder hormonell zu unterdrücken?)

Der weibliche Organismus ist nicht beliebig manipulierbar. Irgendwann kommt meist der Tag, an dem die Tochter alles andere als dankbar dafür ist, daß ihr so etwas zugemutet wurde: beispielsweise, wenn sie große Probleme mit ihrer Menstruation hat oder wegen ständiger Zyklusstörungen nicht schwanger werden kann, obwohl sie das sehr gerne möchte. Spätestens zu diesem Zeitpunkt rächt sich die unnatürliche Unterdrückung der Menstruation in der Pubertät.

Nicht magerhungern!

Nach neueren amerikanischen Studien hält in den USA bereits die Hälfte aller zehnjährigen Mädchen Diät, um nur ja nicht »zu dick« zu werden, und so manche Zwölfjährige glaubt, über ihre »fetten Oberschenkel« verzweifeln zu müssen. Der Schlankheitswahn der Erwachsenen hat auch bei uns schon viele weibliche Kinder ergriffen (Jungen weit weniger, denn mit Gewichtszuwachs verbinden sie Muskelkraft und Stärke statt Figurprobleme). Unglücklicherweise wird Mädchen das superdünne Schönheitsideal von Models vorgeführt, die kaum älter sind als sie selbst – und ihnen daher als Rollenvorbilder durchaus geeignet erscheinen. Schlankheitswahn kann geradewegs in Magersucht und Eß-Brech-Sucht führen. Wehren Sie den Anfängen! Erklären Sie Ihrer Tochter immer wieder, daß superdünn sein nicht schön, sondern ungesund ist: In der Pubertät *muß* der weibliche Körper überall Fettgewebe bilden, vor allem an den Brüsten (die sonst überhaupt nicht wachsen würden!), an den Hüften, dem Bauch, dem Gesäß und den Oberschenkeln. In diesen Geweben wird ein Teil der weiblichen Hormone – Östrogene – gebildet; sie ergänzen die Östrogene aus den Eierstöcken. Diese Organe sind jetzt noch vergleichsweise unreif und benötigen ein paar Jahre, bis sie voll funktionieren. Wer sich in der Pubertät mager hungert, stört den Wachstumsprozeß empfindlich. Die Menstruation kann (wieder) ausbleiben, und die inneren Organe können so beeinträchtigt werden, daß später womöglich Unfruchtbarkeit die Folge ist. Machen Sie Ihrer Tochter klar: Sich mit Gewalt dünnfasten heißt unter Umständen, für immer auf eigene Kinder verzichten zu müssen!

Für Eltern: Falls Ihre Tochter ein Pummelchen ist oder in der Pubertät zunimmt, beißen Sie sich lieber auf die Zunge, als jemals eine kritische Bemerkung dazu zu machen!

Solche Kommentare wirken verstörend, verletzend – und treiben Ihre Tochter womöglich erst recht in den Schlankheitswahn. Viele Mädchen verlieren ihren »Babyspeck« auf ganz natürliche Weise, wenn sie aus der Pubertät herauswachsen. Andere, die als Kinder recht dünn waren, legen in dieser Übergangszeit plötzlich erstaunlich an Gewicht zu – nur um mit 16, 17 den »Pubertätsspeck« auch ohne irgendwelche Hungerkuren wieder zu verlieren.

Zur ärztlichen Untersuchung sollten Sie mit Ihrer Tochter auch dann gehen, wenn Sie schon vor dem zehnten Lebensjahr ihre Menarche hat – zur Abklärung, ob eine Drüsenstörung hinter dieser Frühreife steckt – oder bis zum 16. Lebensjahr noch nie menstruiert hat. (Magersüchtige Mädchen beispielsweise hungern sich auch deshalb so dünn und machen so viel sportliches Training, um nur ja keine Periode – das von ihnen gefürchtete Zeichen erwachsener Weiblichkeit – zu bekommen.) Neben psychischen und körperlichen Erkrankungen kann sich auch sehr starker Streß ungünstig auf das Heranreifen auswirken und die Menarche verzögern: ein schwerer Unfall, der Verlust eines lieben Menschen, ständige Umzüge (Heimweh, Herausgerissenwerden aus der gewohnten Umgebung oder Schule), nicht zuletzt auch sexueller Mißbrauch, ob in der Familie selbst oder außerhalb. Das Ausbleiben der Menstruation zeigt in allen solchen Fällen an, daß Ihre Tochter ein großes Problem hat und ihr Organismus deshalb »auf Sparflamme« schaltet. Mutter Natur ist das ordnungsgemäße Funktionieren der Fortpflanzungsorgane in großen Streßsituationen nämlich weniger wichtiger als das Überleben des Individuums. Sie schaltet alles ab, was dafür nicht dringend gebraucht wird.

So wie die Menstruation keine Krankheit ist – höchstens eine »herbeigeredete«, wie es im Titel eines interessanten Buches über die Regel heißt[13) –, so ist es auch normalerweise keineswegs krankhaft, wenn eine Heranwachsende erst mit 15 oder 16 ihre Menarche hat. Noch im letzten Jahrhundert war dies sogar das Durchschnittsalter für die erste Menstruation, und viele Mädchen bekamen sie erst mit 17 oder 18 Jahren. Moderne Wachstumsbedingungen, Ernährungsfaktoren und eine Reihe noch nicht ganz erforschter Einflüsse haben das Durchschnittsalter seitdem immer mehr nach unten gedrückt. Seit Jahren ist es, wie die Weltgesundheitsorganisation WHO kürzlich bekanntgab, auf dem Stand von zwölfeinhalb Jahren geblieben und scheint auch nicht weiter zu sinken. Offenbar paßt es der Natur doch nicht ins Konzept, daß aus kleinen Mädchen allzu früh schon junge Frauen werden, ihre körperliche und ihre seelisch-geistige Entwicklung allzu weit auseinanderklaffen. Und das ist ja auch gut so.

Genannte Literatur:

1) Stern Nr. 41/95
2) Magazin der Süddeutschen Zeitung Nr. 42/93
3) Gray, Miranda: Red Moon. Element Inc., Rockport 1994.
4) Shuttle, Penelope / Redgrove, Peter: Die weise Wunde Menstruation. S. Fischer Verlag, Frankfurt/Main 1982.
5) Francia, Luisa: Drachenzeit. Verlag Frauenoffensive, München 1987.
6) Walker, Barbara G.: Das geheime Wissen der Frauen. Eine Enzyklopädie. Deutscher Taschenbuch Verlag, München 1995.
7) Brantenberg, Gert: Die Töchter Egalias. Verlag Frauenoffensive, München 1987.
8) Minker, Margaret: Hormone und Psyche. Frauen im

Wechselbad der Gefühle. Deutscher Taschenbuch Verlag, München 1996.

9) Cutler, Winnifred B.: Rhythmus der Liebe. Der Zyklus der weiblichen und männlichen Hormone und ihr Einfluß auf eine erfüllte Sexualität. Wilhelm Heyne Verlag, München 1994.

10) Minker, Margaret: 100 Fragen zur Sexualität der Frau. Goldmann Verlag, München 1995.

11) Minker, Margaret: Naturheilkunde. Das Handbuch für Frauen. Verfahren, Beschwerden und Beratung von A bis Z. Deutscher Taschenbuch Verlag, München 1995.

12) Kraus, Anni / Minker, Margaret: 100 Fragen zu Yoga. Goldmann Verlag, München 1995.

13) Blume, Angelika / Schneider, Sylvia: Die Regel – eine herbeigeredete Krankheit. Mosaik Verlag, München 1986 (leider vergriffen).

3. Kapitel: Der Tropfen, aus dem die Welt entstand – Menarche-Mythen und -Bräuche in anderen Kulturen

In diesem Kapitel möchte ich Sie mit vielen interessanten Dingen bekanntmachen, die Sie Ihrer Tochter erzählen können, wenn Sie sie über die Monatsblutung und die Vorgänge in der Pubertät aufklären: mit Schöpfungsmythen, in denen die Menstruation eine Rolle spielt, mit Bräuchen zur Feier der Menarche in anderen Völkern, mit kulturellen Errungenschaften, die im weiblichen Monatszyklus wurzeln. All diese Dinge gehören wesentlich zur Kulturgeschichte der Menschheit, auch wenn sie in den Schulen – noch – kaum je gelehrt werden. (Aber auch das wird sich hoffentlich eines Tages ändern.) Sie können viel dazu beitragen, den Respekt vor Menstruation und Monatszyklus wieder aufblühen zu lassen und das weibliche Selbstbewußtsein der neuen Frauengeneration zu stärken.

Wenn es je eine »Wiege der Menschheit« gab, so stand sie sehr wahrscheinlich in Afrika: Aus neuesten frühgeschichtlichen und genetischen Forschungen ist ersichtlich, daß offenbar alle heute auf der Erde lebenden Menschen noch genetisches Material in sich tragen, das auf das Erbgut einer einzigen, vor mehreren hunderttausend Jahren in der afrikanischen Savanne lebenden Frau zurückgeht.

Aus Afrika stammt sehr wahrscheinlich auch eine der früher größten Weltreligionen überhaupt, nämlich der Glaube an die Große Muttergöttin, die den Kosmos und die Menschheit gebar. Viele Jahrtausende lang wurde sie in fast allen Ländern der Welt, unter unzähligen verschiedenen Namen, als höchste Gottheit verehrt.

Die rote Essenz des Lebens

Im Mythenschatz vieler afrikanischer Völker spielt die weibliche Fähigkeit, Leben in die Welt zu setzen, und mit ihr die Menstruation eine bedeutsame Rolle. Der südäthiopische Schöpfungsmythos, den ich diesem Buch vorangestellt habe (siehe S. 5), spiegelt auf besonders schöne Weise den Wert wider, der dem weiblichen Zeichen der Fruchtbarkeit dabei zugemessen wird: Aus diesen roten Tropfen, heißt es dort, entstand die ganze Menschheit. (Und das ist ja, genau betrachtet, von der Realität gar nicht so weit entfernt.) Das Mädchen, das da unterm Kath-Baum sitzt, wurde von keiner Mutter geboren, sondern lebt seit Anbeginn der Zeiten – eine jugendliche Schöpfergöttin, die dann von ihrem eigenen Blut schwanger wird und das erste Menschenkind gebiert.

Eine solche Parthenogenese (= Jungfernzeugung) galt in der gesamten Frühzeit der Menschheit auch bei Menschenfrauen als etwas ganz Natürliches: Die Rolle des Mannes bei der Zeugung eines Kindes war noch nicht bekannt, und Frauen, nahm man an, bekamen ihre Kinder ganz von allein oder mit Hilfe einer Gottheit. Aus diesem Grund galten sie auch als Geweihte der Schöpfergöttin, und ihr Monatsblut wurde als heilig angesehen. – Ein ferner Abglanz dieser uralten Vorstellung findet sich noch in der biblischen Geschichte von der »jungfräulichen Geburt« Marias, die dann auch Jesus ohne Zutun eines Menschen-Mannes empfing: den Gottessohn, durch seine Mutter als Mensch auf die Welt gebracht.

Die Annahme, das weibliche Monatsblut sei die Essenz des Lebens, aus dem die Kinder stammen, hat sich über viele Jahrtausende bis in unsere Zeitrechnung hinein erhalten – und das nicht nur in Afrika. Der griechische Philosoph Aristoteles lehrte, menschliches Leben entstehe aus geronnenem Menstruationsblut. Südamerikanische Indianerinnen und Indianer gingen davon aus, die ganze Menschheit sei aus »Mondblut« erschaffen worden. Die Maori auf Neuseeland nahmen an, die menschliche Seele entstehe im Mutterleib aus Zyklusblut. Indische Hindus lehrten, das Menstruationsblut der Muttergöttin sei beim Schöpfungsvorgang zu einer teigartigen Masse geronnen, aus der die Göttin dann den Kosmos und die Menschen geformt habe. Im indischen Mythos wurde diese heilige Flüssigkeit *Soma* genannt – ein Wort, das ins Altgriechische übernommen wurde und dort »mystische Körpersubstanz« bedeutete. (Heute ist es auf die medizinische Bedeutung »Körpergewebe« reduziert.) Soma war im »Ur-Meer« enthalten, das wiederum aus dem Menstrualblut der Göttin Kali entstanden war – in manchen Mythen auch aus ihrer Muttermilch. Den Zusammenhang zwischen dem weiblichen Monatszyklus und den Phasen des Mondes (siehe dazu ab S. 139) betont der indische Mythos, in dem es heißt: Das heilige Soma entstammt den Zitzen der »Mondkuh«, die es als weißen Strahl auf die Erde gegossen hat. Dabei, so meinte man auch im alten Ägypten, sei die Milchstraße entstanden, die sich quer über den Himmel erstreckt. In vielen Sprachen wird diese helle Sternenspur noch heute so genannt.

Im alten Mesopotamien hieß es, die Große Göttin Nimhursag habe die Menschen aus Lehm gemacht und ihnen ihr »Blut des Lebens« eingeflößt. »Unter ihren wechselnden Namen Mammetun oder Aruru die Große, die Töpferin«, schreibt Barbara G. Walker in ihrem Buch ›Das geheime Wissen der Frauen‹[1)], »lehrte sie Frauen, Lehmpüppchen zu formen und sie als Empfängniszauber mit Menstruationsblut zu bestreichen. Diese Art Magie lag auch dem Namen **Adam** zugrunde, denn das weibliche Wort **adamah** bedeutet ›blutiger Lehm‹, obwohl Wissenschaftler es meist zartfühlend mit ›rote

Erde‹ übersetzen.« Eine Geschichte zur Menschenfrau Aruru, der genialen Töpferin, finden Sie ab S. 78.

Rote Erde, die berühmte Ockerfarbe, wurde auch für prähistorische Höhlenmalereien und, sehr viel später, zur Ausschmückung von Tempeln verwendet, die der Muttergöttin geweiht waren. Da in der Nähe solcher Fundstätten oft weit und breit keine rote Erde zu finden ist, nehmen viele Forscherinnen heute an: Entweder wurde die heilige Tempelfarbe zu diesem Zweck von weither herbeigeschafft (und war dann entsprechend wertvoll und teuer), oder aber sie wurde tatsächlich aus Menstruationsblut, zum Beispiel dem der Priesterinnen, gewonnen – eine Theorie, die das praktisch Naheliegende mit dem Mythischen der Menstruation verbindet.

Göttliches im Gespräch

An dieser Stelle ein Wort zur religiös-historischen Betrachtung. Sollten Sie tief im christlichen Glauben verwurzelt sein, werden Sie die vielen in diesem Buch genannten Hinweise auf vorchristliche – und teils noch lange Zeit neben dem Christentum bestehende – Glaubensrichtungen, Göttinnen und kultische Bräuche vielleicht stark irritieren. Und Sie fragen sich möglicherweise, ob es wirklich passend und sinnvoll ist, Ihrer christlich aufwachsenden Tochter, vor allem in so jungen Jahren, von diesen Dingen zu erzählen. Immerhin werden die alten Religionen und ihre Bräuche ja von den christlichen Kirchen als heidnisch abgelehnt und ihre Mythen und Glaubensinhalte als Irrlehren bezeichnet. (Das gleiche trifft auf andere Religionen zu, etwa den Islam.)

Über historische Tatsachen zu reden, bedeutet jedoch nicht, der christlichen Lehre untreu zu werden. Auch die Kirchen bestreiten ja keineswegs, daß es im heute christlich geprägten europäischen Raum früher große, weitverbreitete Religionen und Kulte gab, in denen sowohl weibliche als auch männliche oder als zweigeschlechtlich imaginierte Gottheiten verehrt wurden. Sehr viele Daten von Kirchenfesten wurzeln anerkanntermaßen in Festtagen solcher uralten Religionen, etwa Ostern, das nach der keltischen Göttin Eostre benannt ist (ihr »Mondhase« brachte Eier, die Ursymbole weiblicher Fruchtbarkeit), oder auch Weihnachten, ursprünglich das Fest der Lichtgöttin, früher vor allem im Norden zur Wintersonnenwende gefeiert. Zum »Tag der Geburt Christi« wurde es von der Kirche erst im 4. Jahrhundert erklärt.

Solche Dinge werden im normalen Religionsunterricht natürlich nicht gerade an die große Glocke gehängt: Die vielfältigen kulturellen, historischen und gesellschaftlichen Zusammenhänge darzustellen, aus denen heraus sich die christliche Religion schließlich etablierte, ist ein sehr komplexes Unterfangen, das selbst Kirchenvätern von heute oft noch Kopfzerbrechen bereitet. Die alten Kulte und Mythen ließen sich schließlich nicht von einem Tag auf den anderen aus dem Gedächtnis der Menschheit streichen (und leben darüber hinaus in der Sprache fort). Historische Wahrheiten, die es vor oder neben einer Wahrheit des Glaubens gibt, sind jedoch deshalb nicht weniger wahr, nur weil sie eine andere Religion betreffen, und es ist durchaus nicht antichristlich, von ihnen zu sprechen.

Wenn Sie glaubensbedingte Probleme damit haben sollten, Ihrer Tochter von früher verehrten Göttinnen und Göttern zu erzählen, können Sie auch auf eine kindgerechte Sprache ausweichen: z. B. von der »Mondfee« oder von Frau Luna sprechen statt von der Mondgöttin, von Weisen Frauen statt von Priesterinnen, von guten Geistern und Schutzwesen, von der Roten Dame, die nur Mädchen besucht und ihnen die Menstruation schenkt, und so fort.

In manchen Kulturen wird das Menstruationsblut mit dem Nektar besonderer Blumen gleichgesetzt (siehe dazu auch 5. Kapitel ab S. 120). In Indien heißt es »Kula-Blume« oder »Kula-Nektar«, und von jungen Mädchen, die ihre Menarche haben, sagt man: Sie haben die Blume geboren. Das englische Wort für Blume, *flower,* weist ebenfalls auf diese Bedeutung hin: In ihm ist das Wort *flow,* Fluß, enthalten, und »flower« heißt wörtlich »das Fließende«. Das Gebärmutterblut galt in der keltischen Kultur als »Mondblume«, welche die Seele zukünftiger Generationen enthält, so wie Blüten geheimnisvollerweise ihre künftigen Früchte enthalten.

In der traditionellen Volksmedizin vieler Kulturen wurde dem Menstrualblut ein hoher Stellenwert zugeschrieben: Die Essenz des Lebens, die schon den Gottheiten Macht und übernatürliche Kräfte verlieh, konnte diesen Vorstellungen zufolge natürlich auch Krankheiten abwehren und heilen. In Indien werden Kleidungsstücke, die der Göttin Kali zugeschrieben und als heilige Reliquien aufbewahrt werden, bei Heilzeremonien benutzt: Rote Flecken darauf, heißt es, stammen von ihrem Menstruationsblut; die Stoffe sollen deshalb einen besonders starken Heilzauber besitzen. In der altchinesischen Tao-Philosophie ging man davon aus, daß ein Mann ein sehr langes Leben erlangen könne, wenn er den »roten Yin-Saft« einer Frau zu sich nehme – ein paar Tropfen würden genügen. Auf den Andaman-Inseln im bengalischen Golf malt man Kranke am ganzen Leib mit roter Farbe (früher: mit Monatsblut) rot an, um sie zu heilen. Männer des brasilianischen Yanonami-Volkes sichern noch heute ihr Jagdglück, indem sie sich mit dem Menstruationsblut ihrer Frauen schlangenförmige Linien ins Gesicht und auf den Körper malen. Ashanti-Priester in Ghana schützen sich vor fremdem Zauber mit einem am Körper getragenen kleinen Fetisch, an dem Menstrualblut haftet. Bei manchen sogenannten Naturvölkern werden weibliche Kinder noch heute höher geschätzt als männliche, weil Mädchen die Trägerinnen des heiligen und heilkräftigen Bluts sind.

Substanzen, denen magische Kräfte zugesprochen werden, rufen natürlich nicht nur ehrfürchtiges Staunen, sondern auch Furcht und Schrecken hervor: je unerklärlicher die Substanz, desto größer die Magie und die (un)heimliche Angst davor. Menstruationsblut bildet sich ganz von selbst jeden Monat neu – ein Mysterium, das bis ins letzte Jahrhundert selbst Ärzte nicht genau zu erklären wußten und von dem Männer ausgeschlossen sind. Es ist daher kein Wunder, daß sich in vielen Kulturen auch schreckliche Mythen um die Menstruation ranken: Ein potentes Heilmittel könnte ja ebensogut ein potentes Gift sein. In Gesellschaften, die vorrangig von Männern beherrscht wurden und sich an männlichen Werten (und Ängsten) orientierten, wurde daher aus *sacer mens,* dem heiligen Blut der Menstruation, bald das »schreckliche Blut«, das angeblich all jene verunreinigt, die mit ihm in Berührung kommen.

Diese patriarchalen Mythen sind äußerst langlebig und hinterlassen selbst in scheinbar so aufgeklärten Gesellschaften wie der unseren ihre Spuren. Alle abergläubischen Tabus, mit denen die Menstruation noch heute bei uns umgeben wird, haben darin ihre Wurzeln. Von diesen Mythen und dem unguten Einfluß, den sie auch auf moderne Frauen (und Männer) noch immer haben, will ich hier jedoch nicht reden; das haben Autorinnen und Autoren anderer Werke schon ausführlich getan. In diesem Buch geht es mir darum, auch einmal all das *Positive* zusammenzutragen, das es zur Menarche – und Menstruation im allgemeinen – zu erzählen gibt. Geschichten, die Sie und Ihre Tochter vermutlich noch nie gehört haben, denn sie werden bei uns kaum je außerhalb von Fach- und Sachbüchern erwähnt. Auch zu den großen Errungenschaften der

Kultur, die nach heutigem Erkenntnisstand sehr wahrscheinlich von Frauen erfunden wurden und bei denen der Monatszyklus manchmal eine wesentliche Rolle spielt, gibt es bei uns keine traditionellen Erzählungen, so wie bei anderen Völkern: etwa zur Erfindung der Schriftzeichen, des Kalenders, der Metrik und damit der Mathematik.

Fangen wir also mit dem Erzählen neuer alter Geschichten an, und erfinden wir uns, was uns fehlt! Die beiden folgenden Erzählungen habe ich für Sie und Ihre Tochter erdacht.

Ein Jahr mit dreizehn Monden: Wie Frauen die Mathematik erfanden

Lange Zeit hatte die weiseste aller Frauen des Stamms damit zugebracht, nachts die Mondgöttin zu betrachten. Strahlend weiß und rund stand sie wenige Nächte lang am Himmel; dann schien sie auf der rechten Seite ihren Bauch einzuziehen und sich in sich selbst hineinzusaugen, bis einige Abende später nur noch eine schmale, stolze Sichel von ihr zu sehen war. Ein paar Nächte danach erschien sie überhaupt nicht am Horizont – oh, dunkle Zeit, in der die Göttin ihr Haupt vor den Menschen verbarg! Doch dann tauchte sie wieder auf, diesmal zur linken Seite geneigt, nahm Nacht für Nacht zu, wurde voller und voller, bis sie erneut mit strahlendem Antlitz, rund und wunderschön, ihren weißen Segen zur Erde sandte.

Und so wie die Mondgöttin ihr Gesicht erhellte und verhüllte, stieg und fiel stets auch das Blut in den Körpern der Frauen. Zeigte sie sich voll und rund, tanzten die Frauen mit wiegenden Hüften ums nächtliche Feuer, hielten ihre Männer umschlungen und priesen die Macht der nächtlichen Gottheit, die immer wieder auch ihre Bäuche rundete, so daß Kinder geboren wurden. Verbarg sie sich schwarz am dunklen Himmel, tropfte das heilige Blut der Frauen zur Erde, als müßten sie den Boden damit für die Wiedergeburt der Göttin vorbereiten. In diesen Nächten zogen die Frauen sich von den Männern zurück, um gemeinsam das Mysterium dieser immer wiederkehrenden Lebensessenz zu feiern.

Eines Nachts, als die Regenfälle, die jeder Pflanzzeit vorausgingen, gerade aufgehört hatten und die Mondgöttin in ihr undurchdringliches Dunkel verschwunden war, faßte die weiseste aller Frauen einen Entschluß. Mit einem scharfkantigen Stein schliff sie die Rinde von einem Ast aus hartem Holz, bis er hell und glatt in ihrer Hand lag. Dann schlug sie eine tiefe Kerbe hinein. Das gleiche tat sie beim nächsten Mal, als die Frauen mit ihrem Blut – *manas* genannt, nach *mana,* der Großen Mond-Mutter – die Erde benetzten, und so immer fort, bis der Regen, viele Kerben später, erneut das Land befruchtete und wieder zu Ende ging. Diese letzte Kerbe zog die weise Frau besonders tief und deutlich ins Holz. Und weil der Ast sehr lang war, paßten noch viele weitere Kerben daneben, bis zum nächsten, ja übernächsten Regenfall.

Einige der jüngeren Frauen, die sich um sie scharten, wenn die weise Frau rituell zum Schwarzmondfest ihre Kerben schlug, hatten sich ebenfalls ein Stück Holz zurechtgemacht, auf dem sie den Tag ihrer einsetzenden Blutung vermerkten. Manche von ihnen hatten in diesen Jahren ein Kind geboren; dann war, wie sie jetzt am Holz ablesen konnten, die Blutung bis zum Tag der Geburt stets mehrmals ausgeblieben – so viele Male, wie Finger an zwei Händen sind. Die weise Frau nickte, als ihr die Jüngeren von dieser Beobachtung berichteten: Auch ihr waren solche Gesetzmäßigkeiten aufgefallen. So waren es von einem Regenfall zum anderen immer zwölf

Kerben, die den Schwarzmond markierten – und dreizehn helle Abschnitte im Holz, von der Spitze weg gerechnet, deren Rundung das volle Rund der Mondgöttin symbolisierte. »Manas«, sagte die weise Alte und deutete auf die Kerben. Vielleicht, das war nicht genau zu unterscheiden, sagte sie aber auch *mana* oder *menos* oder *metra* – Worte, die zu jener Zeit an verschiedenen Orten der Erde »Mond« und »Mondblut« bedeuteten.

So erfand die weise Frau den Mondkalender, den ersten Zeitmesser, und mit ihr die *Metrik,* das Maß aller Dinge, dem auch der *Meter* entstammt. Seitdem wird die Zeit von einem Schwarzmond zum nächsten als *Monat* bezeichnet, die Mondzeit – im Englischen *month,* im Französischen *mois,* im Italienischen *mese* und im Rumänischen *lunis.* Im Altrömischen (= Lateinischen) nannte man die Kunst der Zeitmessung *Mensuration,* das heißt: von der *Menses* markiert. (Das Wort Menstruation, behauptet das bekannte klinische Wörterbuch ›Pschyrembel‹[2)], sei vom lateinischen *menstruus* = allmonatlich abgeleitet. Das ist jedoch eine Verdrehung der Tatsachen: Der Wortsinn entwickelte sich genau umgekehrt, nämlich von den Blutungen, die das Zeitmaß »Monat« bestimmten.) Ein Jahr, so rechneten die Menschen lange Zeit hindurch, hat dreizehn Monate zu je 28, also vier mal sieben Tagen – 364 Tage und noch einen Extratag dazu, der *vor Jahr und Tag* stets im ganzen Volk als arbeitsfreier Tag gefeiert wurde. In einem Jahr mit dreizehn Monden steht dreizehnmal die volle Mondgöttin am Himmel. So wurde die 13 zur heiligen (Mond-)Zahl.

Chinesische Frauen, berichtet Barbara G. Walker, führten vor rund 3000 Jahren ebenfalls einen Mondkalender ein und teilten die himmlischen Sphären außerdem in 28 Sternenhäuser ein, durch die sich »die Mondin« – im Chinesischen wie in den meisten Weltsprachen weiblich – im Lauf eines Jahres hindurchbewegt. In Chaldäa, der legendären Heimat Abrahams, studierten Frauen und Männer den Lauf des Mondes und der Sterne, um daraus die »Wissenschaft des Schicksals«, die Astrologie, zu entwickeln: damals mit dreizehn »Häusern«, von denen jedes ein Sternbild (Tier) repräsentierte. Heute kennen wir die zwölf astrologischen Tierkreiszeichen – und hören, daß man gerade ein dreizehntes wiederentdeckt hat, dessen Bedeutung noch unklar sei.

Vier Wochen hat der Mondmonat, denn jede Woche wechselt der Mond einmal in eine andere Phase: vom Voll- zum abnehmenden Halbmond, dann zum Neumond (Schwarzmond), dann zum zunehmenden Halbmond und wieder zum Vollmond. Der siebte Tag ist seit Urzeiten ein Ruhetag, denn die Mondgöttin durfte bei diesen Wechseln nicht gestört werden. Feiertag war der *Mon(d)tag.* Erst später, als die Sonne (= das männliche Prinzip) in den Vordergrund rückte, wurde der Montag zum Wochenanfang, der *Sonntag* zum Ruhetag erklärt.
Eine Schwangerschaft dauert nach der Lunarberechnung nicht neun Monate, wie nach heutiger Sonnen-Zeitrechnung, sondern zehn, nämlich rund 280 (10 mal 28) Tage. Ein normaler Tag wurde früher von Mittag zu Mittag berechnet, mit der Mondstunde – Mitternacht – in der zentralen Position. Im noch nicht christianisierten Europa maßen Germanenstämme, keltische, gallische und irische Völker die Zeit nach Nächten statt nach Tagen. Und bis heute werden die sogenannten beweglichen Feiertage der Kirche, z.B. Ostern, nach dem *Menologion* festgesetzt, dem »Wissen vom Mond«. Unterschiedliche Zeitberechnungen nach Mond oder Sonne hatten viele Jahrhunderte lang Verwirrungen zur Folge. Erst 1582 sprach Papst Gregor

ein Machtwort und führte endgültig den Sonnenkalender (365 Tage im Jahr, alle vier Jahre ein Schalttag) ein, nach dem auch wir uns noch richten.

Mensa, Zeitmesserin, hieß die römische Göttin der Messungen, der Zahlen, Kalender, Berechnungen und Aufzeichnungen. Ohne das Mond-Wissen der Frauen wäre die Entwicklung der Mathematik undenkbar gewesen. Und auch die Wissenschaften, die sich mit Naturphänomenen beschäftigen, kommen immer wieder auf den Mond als wichtigsten Rhythmusgeber zurück. Ob Meere, Pflanzen, Tier oder Mensch – sein Einfluß prägt die Zeitabläufe, oftmals viel tiefer als die Sonne.

Die geniale Töpferin: Wie Frauen die Schrift erfanden

Aruru, die Töpferin, saß vor ihrer Hütte und formte Vasen und Schalen aus Lehm, die dann langsam in der Wärme des Tages trockneten. Wie ihre Vorfahrinnen, die das Kunsthandwerk der Gefäßherstellung entwickelt (und dabei auch die Kochkunst erheblich verfeinert) hatten, liebte sie es, schöne Dinge unter ihren Händen wachsen zu sehen. Eine besonders gut gelungene Vase wollte sie ihrer Schwester schenken, eine andere ihrer Großmutter, zwei weitere ihren beiden Tanten, die im nächsten Dorf lebten. Und auch ihre Nachbarinnen hatten sie, die so geschickt zu töpfern verstand, um ein paar bauchige, hübsch mit Mustern verzierte Gefäße gebeten. Um keinen der Aufträge zu vergessen, ergriff Aruru nach kurzem

Überlegen ein flaches, noch etwas feuchtes Stück Lehm, das zu ihren Füßen lag, und ritzte mehrere Zeichen darin ein: eine stilisierte Schleife für ihre Schwester (sie schmückte sich so gern); eine ovale Form mit einem Längsstrich darin (Großmutter hatte eine so große Nase); zwei Kreuze mit einem Häkchen links (für die Tante mütterlicherseits) und einem Häkchen rechts (für die Schwester ihres Vaters). Dann malte sie eine Linie wie eine aufgerichtete Kobra für Nachbarin Sunnit mit der spitzen Zunge, eine Wellenlinie für Nachbarin Maita mit dem schön gelockten Haar und einen oben gegabelten Stock für Nachbarin Yasmin, die sich vor kurzem das Bein verstaucht hatte und noch stark humpelte. Zufrieden hielt Aruru die Lehmtafel hoch und betrachtete ihre Zeichen. Eine wirklich hervorragende Idee – auf diese Weise konnte sie gut behalten, wem sie ein Stück aus ihrer Werkstatt versprochen hatte!

Arurus Einfall sprach sich rasch herum. Weitere Töpferinnen taten es ihr gleich, dann auch Frauen und Männer, die andere Gegenstände herstellten. Schließlich wurden die heiligen Frauen des Tempels, Priesterinnen der Großen Muttergöttin, auf die praktische Zeichenmethode aufmerksam. Eine wunderbare Möglichkeit, fanden sie, die Namen der Göttin unvergänglich festzuhalten, Hymnen an sie aufzuzeichnen und der Nachwelt ihre Geschichte zu hinterlassen. Eifrig machten sich die Priesterinnen daran, die schon im Volk benutzten Zeichen zu sammeln und neue Zeichen für alles, was ihnen besonders wichtig erschien, zu entwerfen. Und nach einiger Zeit lag ein ganzes, komplexes System von Zeichen vor, die alle, einzeln oder auf besondere Weise aneinandergereiht, eine ganz bestimmte Bedeutung ergaben. Manche dieser Bedeutungen waren nur den Priesterinnen vertraut, die das Hohe Wissen der Göttin verwalteten, und nur ausgewählte Schülerinnen durften sie von ihnen erlernen. Aber auch sonst waren es so viele und komplizierte Zeichen geworden, daß ein Mensch lange Zeit brauchte, um sie sich alle zu merken und richtig aufschreiben zu können. Doch wer lesen und schreiben lernte, vermochte mit den Zeichen alles auszudrücken, was es zu sagen und festzuhalten gab.

So kam es, daß Frauen die Schrift erfanden. Als **Enheduanna,** ägyptische Prinzessin und Priesterin, vor etwa 4500 Jahren ihre Hymne an die Schöpfergöttin Aruru in einer Notenschrift auf Papyrusrollen aufzeichnen ließ – das älteste Musikstück überhaupt, das uns schriftlich überliefert ist und vor einigen Jahren auch auf Schallplatte aufgezeichnet wurde[3)] –, hatte sich die Kunst des Schreibens schon weit in der Welt verbreitet. Bis heute ist sie eine der größten kulturellen Errungenschaften der Menschheit geblieben.

☾ ☾ ☾

Wir wissen nur Bruchstückhaftes aus den Zeiten, als Schrift und Kalender erfunden wurden, und die Namen der weisen Frauen von einst sind für immer im Dunkel der Frühzeit versunken. Haben sich die Erfindungen wirklich so oder wenigstens so ähnlich zugetragen? Wir können nur darüber spekulieren – und eben Geschichten dazu erzählen. Wie jeder Mythos, jedes Märchen, jede Legende, Sage und Fabel enthalten sie einen wahren Kern, der auf ihre ursprüngliche Bedeutung verweist. Und auch unsere Sprache, in der jegliche menschliche und kulturelle Entwicklung – in welcher verschlüsselten Form auch immer – abgebildet ist, zeugt noch heute davon. Mit ihrem Monatszyklus reiht sich jedes Mädchen, das zur Frau heranwächst, in die unendliche Kette ihrer Vorfahrinnen ein. Und es kann sie mit Stolz erfüllen, zu wissen: Dazu gehörten auch jene Frauen, die Kalender und Schrift erfanden.

Menarche-Feste in aller Welt

In heutiger Zeit aufgezeichnet sind hingegen die folgenden Geschichten, die von den Bräuchen anderer Völker zur ersten Menstruation erzählen. Gesammelt wurden sie unter anderem von der Ethnologin Dr. Judith Schlehe[4)] und von dem Bochumer Ethnomediziner Prof. Dr. med. Erich Püschel, dessen Buch ›Die Menstruation und ihre Tabus‹[5)] eine höchst interessante Übersicht über Menarche- und Menstruationsbräuche in aller Welt enthält. Beide Bücher sind, wie so manche anderen zum Thema Menstruation, im Buchhandel derzeit leider vergriffen. Wenn Sie sich ausführlicher informieren wollen, müssen Sie also in Bibliotheken danach suchen.

Hier eine Auswahl der schönsten Feste und Rituale, die zur Feier der Menarche anderswo abgehalten werden.

Bei vielen indianischen Völkern **Nord- und Südamerikas,** etwa bei den Navahos, den Apachen und den Hupa in Kalifornien, ist die Menarche-Feier eines der bedeutsamsten oder sogar das wichtigste religiös-gesellschaftliche Fest des ganzen Stammes. Das Mädchen, die Initiandin (= »die Einzuweihende«), verbringt zunächst einige Zeit, von Männern und Kindern abgesondert, in einem eigenen Zelt oder einer extra für sie gebauten Hütte und wird dabei von einer erfahrenen Frau in die »weiblichen Geheimnisse« und die Vorschriften eingeweiht, die sie fortan während ihrer Periode zu beachten hat. Sie wird aufgeklärt über das heilige Wesen der Menstruation, die weibliche und männliche Sexualität und Fruchtbarkeit, die weiblichen Medizinrituale und vieles andere, was sie als erwachsene Frau ihres Volkes wissen muß. Dann folgt eine kurze Fastenperiode, bei der sie sich körperlich und spirituell reinigt. Schließlich wird sie feierlich zum großen Stammesfest abgeholt, das ihr zu Ehren veranstaltet wird und mehrere Tage dauern kann. Festlich bemalt und gekleidet sowie mit den Insignien der nun heiratsfähigen jungen Frau versehen, tanzt sie den rituellen Tanz, der ihren neuen Status begründet.

Beim Stamm der Cheyenne im heutigen **Colorado** spricht das Mädchen beim Entdecken der ersten Blutung zuerst mit ihrer Mutter, die das freudige Ereignis dann sofort dem Vater mitteilt. Der Tradition zufolge (die allerdings heute kaum noch befolgt wird, da das Stammesleben weitgehend auseinandergebrochen ist) flicht die Jugendliche dann ihre Haare auf und nimmt ein rituelles Bad. Anschließend wird sie am ganzen Körper rot bemalt, bekommt ein festliches Gewand übergestreift und setzt sich nahe am Feuer auf ihren Ehrenplatz. Eine weise Frau des Stammes entnimmt dem Feuer ein Stück Kohle und streut wohlriechende Gräser, Zedernnadeln und weiße Salbeiblüten darauf. Die Initiandin beugt sich über den aufsteigenden Rauch, der um ihren ganzen Körper streicht: So ruft sie die Schutzgeister der Natur, damit sie ihr Gesundheit und Fruchtbarkeit gewähren. Nach dem Rauch-Zeremoniell verkündet der Vater des Mädchens von der Tür seiner Hütte aus stolz dem ganzen Stamm, daß seine Tochter nun zur Frau geweiht wird. Zu diesem Zweck kehrt sie zunächst nicht nach Hause zurück, sondern folgt ihrer Großmutter in deren Hütte, wo sie die nächsten vier Tage wohnt und in dieser Zeit von ihr alles erfährt, was eine Cheyenne-Frau wissen muß. Ein weiteres feierliches Rauch-Zeremoniell beendet die weibliche Initiation, die Einführung ins Frauenleben.

Auf dem Archipel San Blas an der Karibikküste von **Panama** feiert das Indianervolk der Kuna noch heute das sogenannte *Inna*-Fest zu Ehren aller Mädchen, die gerade ihre Menarche hatten. Die Jugendlichen werden dabei festlich geschmückt und bekommen einen wunderschönen roten, reich mit Goldstickerei und uralten Symbolen bestickten Schal um den Kopf gebunden, der ihre neue Würde als Frau zeigt (dem »Mondschal« vergleichbar, einem Geschenkvorschlag zur Menarche, den Sie auf S. 151 finden). Auch ihre Blusen sind in leuchtendem Rot und Gold gehalten – Farben, die Fruchtbarkeit und Glück verheißen sollen. Dem Vater jeder Initiandin fällt bei diesem Fest die Aufgabe zu, aufs Festland überzusetzen und dort die Blätter ganz bestimmter, als heilig erachteter Bäume zu sammeln, die für die Inna-Zeremonien benötigt werden. Andere Männer schnitzen Balken aus Balsa-Holz, die im eigens errichteten Versammlungsraum als heilige Balken dienen. Dann beginnt ein mehrtägiges, fröhliches Fest, bei dem reichlich *chicha* fließt – ein alkoholisches Getränk, das extra für diesen Zweck gebraut wird.

Die ersten Frühlingsblüten haben im »Land der aufgehenden Sonne«, wie **Japan** poetisch genannt wird, traditionell eine ganz besondere Bedeutung. Zum Kirschblütenfest beispielsweise ziehen die Familien ins Grüne, veranstalten Picknicks und bewundern die zarte weiße Pracht. In vielen japanischen Gegenden wird außerdem das »Fest der ersten Blüte« junger Mädchen gefeiert – und zwar mit einer Überraschungsparty im Elternhaus des Mädchens. Was es zu feiern gibt, wird den Gästen sozusagen durch die Blume mitgeteilt, wenn sich alle zum Festmahl versammelt haben: Die Tafel ist symbolisch mit roten Blüten, rotkandierten Äpfeln oder rotgefärbtem Reis dekoriert. Jetzt wissen alle Bescheid und beglückwünschen die Heranwachsende zu ihrem Blüten-Tag. Auf manchen japanischen Inseln ist dieses Menarche-Fest sogar noch wichtiger als Hochzeitsfeierlichkeiten.

In **Kambodscha** herrscht – neben vielen anderen, teils für das Mädchen recht unangenehmen Sitten, etwa langer und strenger Isolation vom Sonnenlicht – noch heute der Brauch, der zur Frau Heranreifenden bei der ersten Menstruation einen »Mondbaum« zu schenken (siehe ab S. 127): Die Eltern pflanzen ihr zu Ehren einen Bananenbaum, dessen Früchte fortan nur für sie allein bestimmt sind. Bei einem feierlichen Zeremoniell vor dem Hausaltar, der den Ahninnen und Ahnen geweiht ist, wird das Ereignis der Menarche in aller Form den Verstorbenen mitgeteilt, und man bittet sie, den Lebensweg der jungen Frau schützend zu begleiten.

Auf **Sri Lanka** wird am ersten »Tag der Tage« der Tochter zunächst ein Horoskop erstellt. Denn die ganze Familie möchte wissen: Wie sieht wohl die Zukunft der Jugendlichen aus? Wird sie früh oder eher spät heiraten, wenige oder viele Kinder bekommen, mit ihrem Ehemann zufrieden sein? Die Frauen der Familie unterziehen sie dann feierlich einer rituellen Waschung. Sie entsteigt dem Bad wie neugeboren – nicht mehr als Kind, sondern als junge Frau – und wird anschließend ganz in Weiß, die Farbe der Initiation, gekleidet. Bei einem großen Fest ihr zu Ehren erhält sie Geld- und viele andere Geschenke, und alle Gäste wünschen ihr Glück.

In vielen tamilischen Familien ist es heute sogar üblich, die Einladung zum Menarche-Fest der Tochter mittels Lautsprecherwagen im ganzen Dorf bekanntzugeben: Alle, die Lust haben, mitzufeiern, sind aufs Herzlichste willkommen.

Auch bei den BaMbuti-Pygmäen im **Kongo,** die das Menstrualblut als »Blut des Lebens« verehren, wird die Menarche eines Mädchens als glückliches Ereignis gefeiert. Selbst aus weiter Ferne strömen Verwandte und Bekannte der Familie herbei, um an dem großen zeremoniellen Fest teilzunehmen, das in einem eigens dafür errichteten Gebäude stattfindet, der Heranwachsenden ihren Respekt zu bezeugen und ihr Glück zu wünschen.

Beim Stamm der Agni, die an der **Elfenbeinküste** leben, wird ein Mädchen geradezu mit Schmuck überhäuft, sobald es die erste Menstruation hat: Alle Mitglieder der Familie suchen ihre schönsten Schmuckstücke hervor – Armbänder, Halsketten, Stirn- und Brustschmuck sowie Ringe für die Fußgelenke – und legen sie dem Mädchen in einer feierlichen Zeremonie um. Bis zum Ende ihrer Blutung darf die Gefeierte sich in dieser Pracht zeigen. Kleiner Wermutstropfen: Danach wird der Schmuck wieder eingesammelt, denn er war nur eine Leihgabe für diese besondere Zeit.

Bei den Aiary in **Nordwest-Brasilien** bekommt das Mädchen am Tag der ersten Menstruation zunächst einmal eine neue Frisur verpaßt: Die Mutter schneidet die Kinderzöpfe ab, und eine hübsche, praktische Ponyfrisur zeigt an, daß das Kind jetzt zur Frau herangereift ist. Verwandte und Freundinnen der Jugendlichen, die bei der Zeremonie des Haarabschneidens im Kreis um sie herumsitzen, bitten sie um eine kleine Haarsträhne, die sie anschließend sorgfältig verwahren. Danach darf die Heranwachsende etwa einen Monat lang nur Fladenbrot und kleine Fische zu sich nehmen: Mit diesem »gemäßigten Fasten« reinigt sie rituell Körper, Geist und Seele, bis ihre Blutung zum zweiten Mal einsetzt. Sobald ihr Vater davon erfährt, weiß er, daß er am nächsten Morgen sehr zeitig aufstehen muß: Noch vor Sonnenaufgang, so will es die Tradition, stimmt er einen langen, feierlichen Gesang an, den alle im Dorf vernehmen können und in dem er die Geister der Jagd- und Totemtiere beschwört. Zur Feier des Tages wird die Initiandin nun mit zeremoniellen Farben schön bemalt – und darf beim anschließenden Festessen nach Herzenslust die köstlichen Fleisch- und Fischgerichte genießen, die eigens für sie zubereitet worden sind.

Bei den Tiv in **Nigeria** – und auch bei einigen anderen afrikanischen Stämmen – gilt das Mädchen, das die Menarche hat, als glückbringende Fruchtbarkeitsspenderin: Es geht an diesem Tag über alle Felder des Dorfes, wo es nicht nur bei der Arbeit hilft, sondern jeweils auch ein paar Tropfen ihres

Menstrualblutes zur Erde fließen läßt. Das, so glauben die Menschen dort, wird den Boden segnen und reiche Ernte hervorbringen. Bei einem rituellen Fest zu Ehren der jungen Frau bekommt sie das Zeichen der Fruchtbarkeit zwischen Nabel und Venusberg eintätowiert: vier Schmucknarben, die sie fortan stolz zur Schau trägt, denn sie zeigen allen an, daß sie jetzt kein kleines Kind mehr ist.

In **Simbabwe** lebende Volksstämme nehmen die Menarche eines Mädchens so wichtig, daß es bei den dabei abgehaltenen Zeremonien sogar einen neuen Namen erhält – im Gegensatz zu den Jungen, die bei ihrer rituellen Aufnahme in die Männerwelt keinen »erwachsenen« Namen bekommen. Musik und Tanz begleiten die junge Frau durch ihre erste Blutung: Traditionsgemäß finden sich noch am Tag der Menarche alle Freundinnen in ihrer Hütte ein, wo sie dann acht Abende lang bis spät in die Nacht hinein tanzen, singen und Kastagnetten klappern lassen.

Bei den Aborigines in **Australien** ist die Menarche Anlaß für ein großes Frauen-Fest: Mit rituellen Tänzen und Gesängen feiern sie die weibliche Macht, die jetzt auch in diesem neuen Mitglied ihrer Gemeinschaft wohnt, und das Wachstum ihres heranreifenden weiblichen Körpers, der einmal Kinder gebären und nähren kann, so wie Mutter Erde ihre Pflanzen-, Tier- und Menschenkinder gebiert und nährt. Von der Mutter, in manchen Gegenden auch von der Großmutter – sie wird als *Weise Alte Frau* besonders geehrt – bekommt die Initiandin eine eigene Hütte gebaut, in die sie sich ein paar Tage lang zurückziehen kann, um sich auszuruhen, zu meditieren und über die Botschaften ihrer Vorfahrinnen, die ihr im Traum geschickt werden, nachzusinnen. Gereift und gestärkt beginnt das Mädchen dann sein Leben als junge Frau.

Tanzen ist eines der wichtigsten Dinge, die ein Mädchen lernt, das beim Volk der Luvale im **Nordwesten Zambias** zur

Frau heranreift. Die Völkerkundlerin Eva Mahongo Rauter, die viele Monate bei diesem Volk verbrachte und als Frau – anders als ihre männlichen Kollegen – auch bei allen Ritualen, die dort zur Menarche eines Mädchens zelebriert werden, dabeisein durfte, beschreibt in einem aufschlußreichen Aufsatz[6)], was das Frau-Sein in diesem Volk bedeutet: »Von einer Luvalefrau wird erwartet, daß sie eine liebevolle Mutter und Ehefrau wird, medizinisches und religiöses Wissen hütet, Geschichten spannend erzählen und ausdauernd tanzen kann, und daß sie gelernt hat, mit Ruhe und Geduld hart zu arbeiten.« Vieles davon lernt ein Mädchen dieses Volkes schon als kleines Kind. Doch in die eigentlichen weiblichen Geheimnisse wird sie erst eingeweiht, wenn ihre Menarche anzeigt, daß sie das Reifestadium dafür erreicht hat.

Eva Mahongo Rauters Bericht gehört zu den wenigen sehr detaillierten und einfühlsamen Beschreibungen von Menarche-Ritualen in fremden Kulturen, die uns bislang überhaupt vorliegen. Die Fülle der Einzelheiten, die dabei traditionsgemäß beachtet werden, gibt uns eine Ahnung von der außerordentlichen Bedeutung, die dieses Volk dem Übergang vom weiblichen Kindheits- zum Reifestadium zumißt. Und sie zeigt uns auch, wie wichtig es ist, daß eine Jugendliche wirklich ungestört *Zeit hat zu lernen,* was sie als Frau alles wissen muß, und dabei eine *eigene Lehrerin* hat, eine »Mondpatin« also, die ihr das Notwendige beibringt.

Folgen wir der Ethnologin deshalb einmal in ein Dorf der Luvale und sehen wir uns genauer an, was es dort mit dem »geheimen Wissen der Frauen« auf sich hat und welche überlieferten Weisheiten sich in den rituellen Handlungen zur Menarche offenbaren.

Sobald das Luvale-Mädchen bemerkt, daß es seine erste Blutung bekommt, geht es zu den alten Frauen des Dorfes und überreicht ihnen eine Mbambala-Nuß, aus der ein roter

Saft quillt, wenn sie angeschnitten wird. So macht sie ihnen ohne viele Worte klar, was geschehen ist. Die Frauen schenken der *mwali* (= Initiandin), wie das Mädchen fortan genannt wird, ein Tuch, in dem sie ihr Menstrualblut auffangen kann. Später übergibt sie es ihrer Großmutter, die es sorgfältig an einem nur ihr bekannten Platz unter einem heiligen Baum vergräbt: Damit gibt sie die weiblichen Kräfte der Erde zurück, der sie entstammen und die nun mit ihren Schutzgeistern dafür sorgen soll, daß die junge Frau vor Schaden und Unfruchtbarkeit geschützt bleibt.

Die *mwali* hat sich einstweilen in das Haus ihrer Mutter zurückgezogen, wo sie das Ende ihrer Blutung abwartet. Danach fastet sie 24 Stunden lang, um sich auf das Ereignis des nächsten Tages vorzubereiten: den Tag, an dem sie die Kindheit endgültig hinter sich lassen, symbolisch sterben und als junge Frau wiedererstehen wird. In der Zwischenzeit haben die Frauen des Dorfes eine »Mondpatin« für sie ausgesucht, eine Lehrerin, die ihr in den folgenden Monaten als ältere, erfahrene Frau zur Seite steht und sie in alle weiblichen Geheimnisse einführt.

Am frühen Morgen des großen Tages erscheint die Lehrerin bei der *mwali,* hüllt sie in eine traditionelle Decke und führt sie, zusammen mit allen anderen Frauen des Dorfes, an einen etwas außerhalb gelegenen Tanzplatz, der speziell dafür vorbereitet worden ist. Dort kauert sich die *mwali* in ritueller Haltung am Boden zusammen, das Gesicht zur Erde gewandt, während die Frauen um sie herum beginnen, im Chor zu singen und zu tanzen. Mit schwingenden Hüften tanzen sie den symbolischen »Tod« des kleinen Mädchens und ihre »Wiedergeburt« als junge Frau. In den rhythmischen, aufmunternden Gesang mischen sich mit der Zeit viele Scherze und Spottlieder auf die Männer, die bei diesem Ritual nichts zu suchen haben – und auch gar keine Zeit, daran teilzunehmen:

Sie müssen nämlich im Dorf die Initiationshütte bauen, in der die Initiandin die nächsten Monate – nahe ihrem Mutter-Haus, doch meist von ihren Angehörigen und Freundinnen getrennt – leben und ihre »Frauen-Lehrzeit« durchlaufen wird.

Hat die *mwali* bereits einen Verlobten bzw. festen Freund (das kommt vor, wenn die Menarche erst mit 15 oder 16 eintritt), ist er der erste, der beim Bau dieser Hütte fest zupacken muß. Eine anstrengende Arbeit, denn das gesamte Material dafür muß frisch geschlagen und herbeigeschafft werden: Nichts Altes darf die Heranreifende auf ihrem Weg ins neue Frauen-Leben begleiten. Alles, auch Geschirr, Besteck, Kleidung und die Matte, auf der sie schläft, muß ganz neu und unbenutzt sein. (Sicher kommt Ihnen dieser Brauch irgendwie bekannt vor: Bei uns ist es die Aussteuer der Braut, die beim Einzug ins neue Heim ausgepackt und zum ersten Mal verwendet wird.)

Bis in den späten Nachmittag hinein dauert das Frauen-Fest. Dann erst darf sich die Initiandin von der Erde erheben. In feierlicher Prozession geleiten die Frauen sie nun zu ihrem neuen Zuhause. Wenn die Nacht hereinbricht, wird ihr ein eigenes Feuer entzündet, das von keinem Dorffeuer abstammen darf. Umsorgt von der Mondpatin, legt sich die *mwali* erschöpft in ihrer neuen Hütte nieder, während draußen das ganze Dorf auf den Beinen ist, feiert, tanzt und singt.

In den nächsten Monaten hat die Initiandin ein volles Programm (wobei sie möglichst nur dann sprechen soll, wenn sie ihrer Mondpatin Fragen zu stellen hat): Sie muß die Phasen des Mondes erkennen lernen, Pflanzen sammeln und bestimmen, Heilkräuter zubereiten, weibliche Heilrituale vollziehen, alles über Sexualität, Empfängnis, Schwangerschaft und Gebären erfahren, sich traditionelle Märchen und Geschichten einprägen, ihr Feuer hüten, kochen, Fischreusen flechten, und sie darf auch manchmal mit ihren Freundinnen am nahegelegenen Fluß zum Fischen gehen. Außerdem erhält sie ausführlichen Unterricht in zwei Varianten des Tanzes, den nur Frauen tanzen können: eine, die sie öffentlich vorführen, und eine, die ausschließlich in weiblicher Gesellschaft geübt und getanzt wird.

In gewisser Weise ähnelt dieser Tanz dem Bauchtanz, der hohen Tanzkunst orientalischer Frauen, die diese vor vielen Jahrhunderten zur Feier ihrer Weiblichkeit (und keineswegs, wie im Westen oft mißverstanden, vorrangig zum Vergnügen der Männerwelt) erfanden: fein abgestimmte, schwingende, kreisende Knie-, Becken- und Bauchbewegungen, die komplizierten Rhythmen folgen. Luvalefrauen tragen dabei einen festlich geschmückten, mehrere Kilogramm schweren Tanzgürtel um die Hüften, der im Rhythmus mitschwingen und -kreisen muß. (Wer einmal mit einem Hula-Hoop-Reifen geübt hat, weiß, daß so etwas gar nicht so einfach ist!) Dieser Tanz sieht nicht nur sehr anmutig und natürlich-sinnlich aus, sondern hat gleichzeitig auch eine große Bedeutung für die weibliche Gesundheit und Fruchtbarkeit. Eine junge Frau, die auf diese Weise tanzt, kräftigt die gesamte Muskulatur ihres Beckens, hält ihre Bauchregion elastisch und geschmeidig, beugt damit eventuellen Monatsbeschwerden vor und lernt, ein gutes Gespür für ihre »weibliche Mitte« zu bekommen. All das kann ihr später, auch für Schwangerschaft und Gebären, nur nützlich sein. Und natürlich zieht eine besonders gute Tänzerin auch die Blicke der jungen Männer auf sich: Der Brautpreis, den ein Verehrer für sie zu entrichten hat, wenn er um ihre Hand anhält, steigt mit dem Grad ihrer Geschicklichkeit beim Tanzen.

Die nichtöffentlichen Tanz-Varianten lernt die *mwali* von ihrer Mondpatin erst als Fortgeschrittene, wenn sie schon etwas reifer ist: die Bewegungen nämlich, die sie später mit ihrem Ehemann gemeinsam ausführen wird. Zur sexuellen Aufklärung einer jungen Frau gehört nach der lebensnahen Auffassung der Luvale nämlich auch die Vorbereitung auf den Liebesakt selbst. Er soll Frau und Mann Vergnügen bereiten, so daß sie mit Lust und Liebe dabei sind und viele gesunde Kinder aus ihrer Beziehung hervorgehen. (Christliche Missionare, in deren Schulen und Colleges die Luvale ihre Kinder schicken, sehen diesen Teil der weiblichen Ausbildung allerdings äußerst ungern und versuchen oft, die Eltern vom traditionellen Tanzunterricht für ihre Töchter abzubringen – ein Konflikt zwischen Volkskultur und christlichen Wertvorstellungen, den viele Luvalefrauen, so Eva Mahongo Rauter, als kaum lösbar beklagen.) In der Öffentlichkeit werden diese Tanzbewegungen niemals vorgeführt. Nur Frauen dürfen der Initiandin beim Üben zusehen und geben lachend ihre Kommentare dazu. So wächst die *mwali* nach und nach in die Gemeinschaft der Frauen hinein, gewinnt ihre Solidarität und ihren Respekt.

Nach Monaten nähert sich endlich das Ende der Lehrzeit. Zum nächsten Vollmond ist es so weit: Mit einem großen Abschlußfest wird die *mwali* als Frau in die Gesellschaft der Luvale aufgenommen. Für diesen feierlichen Anlaß wird sie von den Frauen des Dorfes rituell gewaschen, ihre Haare werden in kunstvolle Zöpfe geflochten und ihr Körper von oben bis unten mit einem pflanzlichen Körperöl eingerieben, das mit roter Erde vermischt ist. Dieses Öl gibt ihr Segen, Schutz und weibliche Potenz. Viele Gäste aus umliegenden Dörfern strömen herbei, um an diesem Fest teilzunehmen, zuzusehen und begeistert zu applaudieren, wenn sie zum ersten Mal als vollwertiges Mitglied ihres Volkes den Frauentanz tanzt.

☾ ☾ ☾

Nur ein faszinierend-exotischer Brauch – oder einer, von dem auch wir etwas lernen könnten? Übersetzen wir die rituellen Handlungen der Luvalefrauen einmal in unsere Kultur, stellt sich etwas Überraschendes heraus: Manches davon ist uns gar nicht so fremd, wie es zunächst scheinen mag. Auch bei uns ist Bemalung ein ritueller Akt des Frauwerdens, von pubertierenden Mädchen mit großer Hingabe geübt. Sie vergreifen sich heimlich an Muttis Schminkutensilien oder geben ihr letztes Taschengeld dafür aus, um mit verführerisch rotem Lippenstift, geheimnisvollem Augen-Make-up und glänzendem Nagellack endlich auszusehen wie eine »richtige« Frau. Und sie lernen tanzen, was gerade in Mode ist, um in der Disco aufzufallen: Wer sich beim Tanzen geschmeidig bewegen und bei allen Tänzen eine gute Figur machen kann, hat auch mehr Chancen beim anderen Geschlecht.

Früher mußten Büstenhalter, Seidenstrümpfe und Stöckelschuhe her, um als Symbole der Weiblichkeit das Heranreifen zur »jungen Dame« zu demonstrieren. Heute erfüllen erotisch geschnittene Bodies, hautenge Minis und zehn Ringe am Ohr denselben Zweck. Mütter führen mit ihren Töchtern Gespräche »von Frau zu Frau«, wenn das Mädchen ihre Menarche hat oder sich über Monatsbeschwerden beklagt. Und spätestens dann, wenn die Pubertierende beim Herumknutschen mit einem Jungen erwischt wird, bekommt sie eine ernste Lektion zum Thema Sexualität und Empfängnisverhütung verpaßt. Eine Lehrzeit, in der das Frau-Sein geübt wird, ist die Adoleszenz also auch für Mädchen in westlichen Industrienationen, mit den jeweils dazugehörigen Riten, Mythen und Gebräuchen.

Im Unterschied zu den Luvale und Völkern mit ähnlichen Traditionen setzen wir diese Gebräuche jedoch kaum je ganz *bewußt* und *positiv* ein, um die nächste Mädchengeneration auf den Übergang ins Frauendasein vorzubereiten. Es gibt zum Beispiel keinen speziellen, rituellen Schminktag, an dem die Mutter ihre Tochter in die Kunst der weiblichen Bemalung einführt, weil sie nun langsam erwachsen wird. (Ganz im Gegenteil: Auch wenn Mama stets in tausend Tiegel greift, um sich zum Ausgehen herzurichten, kann sie doch ziemlich böse werden, sobald sie ihre Dreizehnjährige beim Schminken erwischt.) Die Zeit der obligatorischen Tanzkurse für junge Leute ist vorbei. Wann und vor allem wie ein Mädchen sexuell aufgeklärt wird, hängt von vielen Zufälligkeiten ab und ist kulturell bei uns nicht fest geregelt.

Erst recht finden Mädchen bei uns nur selten eine »Vertrauensfrau«, eine Lehrerin (ob außer- oder innerhalb der Schule), die sie über alles aufklärt und ihnen alles Wichtige beibringt, was sie als Frauen wissen und können sollten. Und sie dürfen sich auch nicht einige Monate lang aus dem normalen Alltag ausklinken, um sich diese weiblichen Kenntnisse gründlich anzueignen. Unsere Töchter haben es in der Pubertät viel schwerer als die Mädchen der Luvale, die einige Monate lang nur in Gesellschaft ihrer Mondpatin in der eigenen Hütte verbringen. In unserer Gesellschaft haben sie oftmals kein Zimmer für sich allein, zu dem die Familie mit ihren täglichen Anforderungen einmal eine Zeitlang keinen Zutritt hätte; keinen Ort, an den sie sich zum Lernen und Reifen zurückziehen könnten und der für das andere Geschlecht »off limits« wäre. Es wird ihnen auch keine Zeit eingeräumt, die ausschließlich dem Erlernen weiblicher Kenntnisse vorbehalten wäre: Unsere Mädchen müssen alles, was zu ihrem Ausbildungs- und Reifeprozeß gehört, zur gleichen Zeit und nebeneinander bewältigen, was ihrer Konzentration durchaus nicht zugutekommt. Und das Allerwichtigste: Ein speziell weiblicher Lehrstoff, mit dem Mädchen auf das Frausein vorbereitet werden könnten, ist bei uns so gut wie gar nicht definiert. Das Gros der Sexualaufklärung, ob in

Büchern, Jugendzeitschriften oder Schulen, ist »geschlechtsneutral«, für beide gleich. Und wie bei jeder derartigen Verallgemeinerung fallen dabei die Besonderheiten, die vor allem ein Geschlecht – in diesem Fall das weibliche – betreffen, unter den Tisch.

Eine Zukunftsvision: Lehrplan für heranreifende Mädchen

Das alles wird Mädchen auf ihrem Weg ins Frauen-Leben mitgegeben – altersgemäß aufbereitet und, wo nötig, speziell auf weibliche Bedürfnisse abgestimmt:

- ☾ Menstrualaufklärung
- ☾ Sexualaufklärung
- ☾ Gesundheitserziehung für Mädchen (Themen u. a. Schlankheitswahn, Pubertäts- und Menstruationsbeschwerden, Monatshygiene und allgemeine Körperpflege, Informationen zu Körperwachstum, Zyklus, weiblichen Organen, später auch zu Schwangerschaft, Entbindung, Stillen; außerdem Entspannungstechniken, natürliche Heilmittel usw.)
- ☾ Informationen zum Umgang mit dem anderen Geschlecht
- ☾ Selbstverteidigung sowie (Schutz-)Maßnahmen bei sexuellen Übergriffen, auch in der Familie
- ☾ »Herstory«, die weibliche Seite der Menschheitsgeschichte
- ☾ weibliche Vorbilder in Kunst, Wissenschaft, Politik usw.
- ☾ zur Berufsplanung: Zukunftsberufe für Frauen, Frauen-Netzwerke und berufliche Zusammenschlüsse
- ☾ zur Lebensplanung: juristische Informationen zu Jugendlichen und Frauen in bestimmten Situationen (Ausbildungs-, Berufs-, Eherecht, Schwangerschaftsabbruch, Mutterschutz usw.)

Stellen Sie sich einmal einen Lehrplan vor, bei dem das alles gewährleistet wäre: ein Sozial-, Menstrual-, Gesundheits- und Sexualunterricht, speziell auf die Bedürfnisse heranwachsender Mädchen zugeschnitten, für den eigens dafür ausgebildete, psychologisch einfühlsam unterrichtende Lehrerinnen zuständig wären. (Das gleiche entsprechend natürlich auch für die Jungen.) Jedes Mädchen könnte jede Frage stellen, auf die es eine Antwort braucht, ohne sich vor anderen genieren zu müssen. Jedes bekäme rechtzeitig die Gesundheits- und Selbsthilfekenntnisse vermittelt, die gerade im Frauenalltag wichtig sind: von Atemübungen und Heiltees gegen Menstruationsbeschwerden bis zur Beckenbodengymnastik und dem Trick, mit dem Mondlicht die Regel zu regeln (siehe S. 143 f.). Dazu Frauen-Geschichte und Geschichten über Frauen, wie sie auch dieses Buch enthält – Vorbilder, die den Mädchen helfen, ihren weiblichen Wert zu erkennen und selbstbewußt ihren Lebensweg zu suchen. Und wenn ein Mädchen ihre Menarche hat, feiern alle gemeinsam ein Fest.

Zu schön, um wahr zu werden? Wer weiß. Was bei anderen Völkern längst Sitte ist, muß in unseren Breiten nicht für immer ausgeschlossen sein. Ein Fest oder Geschenk zur ersten Menstruation ist immerhin schon ein Anfang.

Abschließend ein Ausflug nach **Südwest-Kanada,** zum indianischen Stamm der Nootka. Dort lernen alle Kinder von kleinauf, wie die Fische im Wasser zu schwimmen. Besonders wichtig ist die Kunst des Langstreckenschwimmens für Mädchen, denn auf ihr basiert ein wichtiges Ritual für ihr Menarche-Fest. Es wird abgehalten, sobald ein Mädchen – oder mehrere innerhalb eines kürzeren Zeitraums – die erste Blutung hinter sich hat. Das ganze Dorf strömt an diesem Tag zusammen und sieht zu, wie die Initiandinnen in festlich geschmückten Booten eine gute Strecke weit aufs Meer hinausgerudert werden (das an diesem besonderen Tag natürlich nicht sturmgepeitscht oder von fernen Winden aufgewühlt sein darf). Eins nach dem anderen springen die Mädchen nun ins klare Wasser und schwimmen zurück an Land, stets von den Booten und anfeuernden Zurufen der Rudernden begleitet. Sie sind auch sofort zur Stelle, falls ein Mädchen aus irgend einem Grund signalisiert, daß es Hilfe benötigt und aus dem Wasser geborgen werden muß. Doch das passiert nur ganz selten, denn jede Jugendliche setzt ihren ganzen Stolz daran, es allein bis zum rettenden Ufer zu schaffen. Am Strand angekommen, werden die Initiandinnen mit großer Freude in Empfang genommen. Vor allem die Mütter verhehlen kaum ihren unbändigen Stolz: haben ihre »Kleinen« doch mit dieser Mut-, Kraft- und Ausdauerprobe bewiesen, daß sie nun zu den Großen gehören und sich im Lebenselement Wasser ebenso zu behaupten wissen wie die erwachsenen Frauen. Für Völker, die vor allem vom Fischfang leben und sich gegen viele Widrigkeiten der Natur wappnen müssen, sind diese Eigenschaften überlebenswichtig – keineswegs nur beim männlichen, sondern mindestens ebenso beim weiblichen Geschlecht, das ja außerdem noch stark genug sein muß, die Kraftakte der Schwangerschaft und des Gebärens gesund durchzustehen. Das Menarche-Fest, das nach dem Schwimm-Ritual bis in die späte Nacht gefeiert wird, gehört daher zu den bedeutsamsten Festen des ganzen Volkes.

Dieser letztgenannte Brauch birgt einen ganz besonderen Aspekt, der vielen anderen Menarche-Ritualen, mögen sie noch so festlich und fröhlich sein, fehlt. Hier geht es nämlich erst in zweiter Linie darum, etwa die Heiratsfähigkeit der jungen Frau herauszustellen und ihren »Marktwert« für junge Männer zu demonstrieren. Was zählt, sind vielmehr Fähigkeiten, die in erster Linie *der jungen Frau selbst* zugute kommen: eine gute Schwimmerin zu sein, die auch in schwierigen Situationen nicht die Nerven verliert, die stark ist, mutig, stolz, ausdauernd und ihres eigenen Wertes bewußt. Allein diese wichtigen weiblichen Eigenschaften, beim Schwimm-Ritual unter Beweis gestellt, sichern ihr einen Platz in der Gemeinschaft der Erwachsenen. Und ihre Menarche zeigt an, wann der Zeitpunkt für sie gekommen ist, diesen Platz zu erobern.

Bei uns gibt es (leider noch) keinerlei vergleichbare Traditionen. Und natürlich können fremde Bräuche aus ganz anderen Lebensräumen nicht einfach von uns übernommen werden: Wir müßten schon eigene erfinden, die zu unserer Umgebung und Kultur passen. Doch was hindert uns daran, von diesen Bräuchen zu lernen und uns das Schönste daran abzuschauen?

Genannte Literatur:

1) Walker, Barbara G.: Das geheime Wissen der Frauen. Deutscher Taschenbuch Verlag, München 1995.
2) Pschyrembel. Klinisches Wörterbuch. 256. Aufl.; Walter de Gruyter Verlag, Berlin – New York 1990.
3) Enheduanna: Ein Lied über die Schöpfung des Menschen. In: Die Frau als Komponistin. Ein Streifzug durch die Musikgeschichte. Hrsg. Österr. Gewerkschaftsbund. Schallplatte der Büchergilde Gutenberg, Sonderaufl. zum 40. Gründungstag der ÖGB-Frauenabteilung (o. J.).
4) Schlehe, Judith: Das Blut der fremden Frauen. Menstruation in der anderen und in der eigenen Kultur. Campus Verlag, Frankfurt/ New York 1987 (leider vergriffen).
5) Püschel, Erich: Die Menstruation und ihre Tabus. Schattauer Verlag, Stuttgart/New York 1988 (leider vergriffen).

6) Mahongo Rauter, Eva: Das Mädchen lernt tanzen. Die weibliche Initiation bei den Luvale. In: van de Loo, Marie-Jose / Reinhart, Margarete: Kinder. Ethnologische Forschungen in fünf Kontinenten. Trickster-Verlag, München 1993.

4. Kapitel: Der Mondring – Was Geschenke zur Menarche bedeuten

Geschenke haben meistens mehrere Bedeutungen. Die erste und allgemeinste ist: Ich habe an dich gedacht, deshalb habe ich dir etwas mitgebracht. Die zweite: Ich habe dich als Person wahrgenommen, deshalb schenke ich dir genau dies und nichts anderes. Je genauer das Geschenk zu der oder dem Beschenkten paßt, je heimlicher oder heftiger der Wunsch war, der damit erfüllt wurde, desto größer ist auch die Freude darüber und die Gewißheit: Dieser Mensch mag mich so, wie ich bin.

Die dritte Bedeutung eines Geschenks kann in seinem Symbolgehalt liegen: Ich möchte dir etwas Bedeutungsvolles schenken, um dir zu zeigen, daß du etwas Besonderes bist oder dieser Tag ein ganz besonderer für dich ist. Ein Geschenk zur Menarche kann die erste und zweite Bedeutung haben. Unbedingt erforderlich ist meines Erachtens aber die dritte, denn ohne sie wird das Geschenk, sei es noch so teuer oder noch so heißersehnt, nicht wirklich mit diesem Ereignis verknüpft – und damit zu etwas Beliebigem. Sie könnten es genausogut zum Einser in Physik, zum nächsten Geburtstag oder zu Weihnachten schenken.

Die Menarche ist jedoch nicht beliebig. Sie ist etwas Einmaliges, kommt nur einmal im ganzen Frauenleben vor. Sie ist der unwiderrufliche und unwiederholbare Schritt vom Mädchenkind zur heranwachsenden Frau. Auch wenn die Menstruation aus irgendwelchen Gründen danach wieder einmal aussetzen und später erneut eintreten sollte, ist das doch niemals mit der Menarche vergleichbar. Das Geschenk zur ersten Menstruation sollte diese Einmaligkeit widerspiegeln. Ein bißchen Mühe müssen Sie sich also schon damit geben. Ihre Tochter soll schließlich das Gefühl bekommen: Dies hier ist etwas ganz Besonderes, nur für mich, und ausschließlich deshalb, weil ich jetzt eine Frau werde.

Das Menarchegeschenk muß dabei nicht etwas besonders Teures, Aufwendiges sein. Bedeutsam wird es durch den Anlaß, zu dem es geschenkt, und die Art und Weise, wie es überreicht wird: Ihre Tochter sollte spüren, daß Sie stolz auf sie sind.

Ein kleines Schmuckstück wie der »Mondring« kann alle diese Bedingungen erfüllen. Doch auch wenn Sie etwas ganz anderes als Geschenk für Ihre Tochter im Sinn haben, empfehle ich Ihnen, die folgenden Abschnitte nicht zu überblättern, denn sie enthalten wesentliche Aspekte und Gedanken zu allen Arten von Geschenken anläßlich der ersten Menstruation.

Das Zeichen der Wiederkehr

Schmuckstücke, vor allem aber Ringe eignen sich seit jeher besonders gut als symbolhafte Gabe. Ein Ring symbolisiert das Runde, Vollkommene, das Immer-Wiederkehrende oder Ewig-Bestehende. Verlobungsringe signalisieren seit Jahrhunderten den Willen zur Verbundenheit, Eheringe die gegenseitige Bindung: Ringe der Beständigkeit. Mit Ringen – und ihrer weithin sichtbaren Überhöhung, der Krone – zeigen weltliche wie religiöse Herrscherinnen und Herrscher ihre besondere gesellschaftliche Stellung: Ringe der Macht. Mythen

und Märchen sprechen von magischen Ringen, die besondere Fähigkeiten verleihen: Ringe der Kraft.
Ein Ring als Geschenk zur Menarche symbolisiert dies alles zugleich:

- ☾ die Vollkommenheit des weiblichen Organismus, der nun in seine Fruchtbarkeitsphase gelangt ist;
- ☾ den Beginn des zyklischen Geschehens, die von nun an immer wiederkehrende Menstruation, so lange diese Lebensphase währt;
- ☾ die Verbundenheit der jungen Frau mit der Natur, ihrem Zyklus und mit allen anderen Frauen, in deren Mitte sie jetzt willkommen geheißen wird;
- ☾ die Beständigkeit dieser Bindung;
- ☾ die Kraft der Frau und ihre besonderen weiblichen Fähigkeiten.

Im 3. Kapitel habe ich berichtet, weshalb die Mondin, wie das um die Erde kreisende Gestirn in der Frauenbewegung liebevoll umgetauft wurde, seit Menschengedenken geradezu als himmlische Verkörperung des Weiblichen gilt. Der sogenannte Mondspiegel, das Silberrund der vollen Mondin, schmückt das Haupt vieler weiblicher Gottheiten und Kultfiguren aus vor- und frühgeschichtlicher Zeit. Die drei Mondphasen – Sichelmond, Vollmond, Neumond – repräsentierten die weibliche Dreieinigkeit: die junge, vom Mann noch ganz unabhängige Frau in ihrer Geschmeidigkeit, Schnelligkeit, Geschicklichkeit, zum Beispiel als Jägerin oder Kriegerin; die reife Frau in ihrer Kraft und Mütterlichkeit, als Schöpferin neuen Lebens und Hüterin der Fruchtbarkeit, und schließlich die alte Frau in ihrer Weisheit, als Heilerin und auch Künderin der Vergänglichkeit, des Wechsels vom Alten zum Neuen.

Ein Mondring, zur Menarche geschenkt, knüpft an diese uralten Traditionen an. Sie stammen aus Zeiten, in denen das weibliche Geschlecht keineswegs das »zweite«, dem Mann nachgeordnete war, sondern große Verehrung genoß und hohe soziale wie religiöse Stellungen innehatte, die kein Mann hätte ausfüllen können und dürfen. In diesen Zeiten und Kulturen war es niemals eine zweitrangige oder gar schmachvolle Angelegenheit, »nur ein Mädchen« zur Welt zu bringen: Ohne Frauen hätte schließlich das gesamte Volk nicht überleben können. Ein Mondring versinnbildlicht die Verbundenheit des weiblichen Geschlechts mit dem Mond, die bei der Menarche beginnt. Und er symbolisiert das ganze Frauenleben, das noch vor dem heranwachsenden Mädchen liegt, in all seinen Zyklen und Phasen.

> Eine schöne Zukunftsvision: Im Jahre 2027 (oder früher) warten alle Mädchen voller Vorfreude auf ihre Menarche und wollen von ihren Freundinnen wissen: »Hast du deinen Mondring schon bekommen?«

Ein Mondring kann einen Sichel-, Halb- oder Vollmond tragen. Solche Ringe werden von vielen Schmuckdesignerinnen und -designern angeboten oder können auf Anfrage eigens angefertigt werden. Erklären Sie Ihrer Tochter, weshalb Sie gerade dies und kein anderes Symbol gewählt haben. Die Geschichte gehört zum Geschenk und macht es besonders wertvoll.

Zur Steinsymbolik

Wer einen Ring mit Schmuckstein bevorzugt oder annimmt, daß die Tochter lieber einen solchen haben möchte, hat die Wahl zwischen mehreren Halbedel- und Edelsteinen, die jeweils etwas Besonderes symbolisieren. Ein solcher Stein kann zum Beispiel so ausgesucht werden, daß er gut zum Charakter der Heranwachsenden paßt: Es gibt weiche und harte, leuchtende und zartschimmernde, durchsichtige und undurchsichtige Steine. Bestimmte Steine werden mit den jeweiligen Sternzeichen verknüpft (Informationen dazu finden Sie in vielen astrologischen Handbüchern); manche sollen auch kraft ihrer mythischen Bedeutung den Charakter einer Person ausgleichen helfen, sozusagen ein Gegengewicht dazu bilden. Alle Halbedel- und Edelsteine sollen außerdem gewisse heilsame Kräfte besitzen. Auch hierzu gibt es Literatur in Buchhandlungen bzw. Esoterik-Fachgeschäften, falls Sie diese Aspekte mitbedenken wollen.

Drei Arten von Steinen erscheinen mir persönlich besonders geeignet, einen Mondring zu schmücken:

☾ **Der Mondstein,** auch Ceylon-Opal genannt, eine besonders reine Variante des Adular-Minerals, also ein Halbedelstein. Er symbolisiert seit jeher das Licht des Mondes, denn er ist milchig-leuchtend, gleichzeitig sanft und undurchdringlich. In der Edelstein-Medizin wird er zur Heilung von Menstruationsschmerzen und Zyklusproblemen benutzt; außerdem soll er Offenheit und Verständnis fördern – geistig-seelische Haltungen, die gerade für ein Mädchen in der verwirrenden Zeit der Pubertät sehr wichtig sein können.
In Juwelierläden und Mineralienhandlungen ist dieser Stein meist in vielen verschiedenen Größen und Formen zu be-

kommen, falls Sie den Ring eigens anfertigen lassen wollen. Mondsteine wirken am strahlendsten auf gebräunter oder dunkler Haut, sind aber auch bei Hellhäutigen beliebt, weil sie sehr zart wirken.

Ein Mondstein spiegelt die Schönheit des Mondes wider und ist, in einen Mondring gesetzt, ein geheimnisvolles, eher introvertiertes Symbol. Es eignet sich daher besonders gut für empfindsame, nachdenkliche, zur Zurückgezogenheit neigende Mädchen.

☾ Ein **roter Stein** symbolisiert das Menstrualblut und seine Kraft. Es kann ein schöner Halbedelstein sein: In Frage kommen zum Beispiel Karneole, Granate, ins Orangerote spielende Feueropale, rötliche Goldtopase oder auch ein hellrosafarbener Rosenquarz.
Karneole gehören der Mineralgruppe der Chalcedone (Achate) an. Die heilige Hildegard von Bingen (1098-1179) empfahl ihre Anwendung bei heftigen Blutungen; indianische Heilerinnen wenden ihn bei Ausdrucks- und Verständigungsschwierigkeiten sowie bei Halsentzündungen an. Echte, nicht künstlich durch Beizen und Brennen gefärbte rote Karneole sind heute selten; meist kommen sie aus Indien.
Granate, auch Almandine genannt, sind mineralogisch den Silikaten zuzuordnen und werden in vielen Kulturen zu wertvollem Schmuck verarbeitet. Ihre Energie wird, so heißt es bei Kristallheilerinnen, erst frei, wenn der Stein geschliffen und poliert ist; dann sollen rote Granate bei Störungen der endokrinen Drüsen, z. B. der Eierstöcke, bei Blutkrankheiten (auch Eisenmangel-Anämie) und bei Depressionen heilsam wirken.
Feueropale bilden sich bevorzugt im Gestein rund um heiße

Quellen; auch Kieselalgen am Meeresgrund tragen Opalstrukturen in sich. Opale aller Farbgebungen haben daher eine enge Verbindung zum Lebenselixier Wasser. In der Edelstein-Medizin gelten sie als besonders stark wirksame, von Selbstsucht reinigende, das »dritte Auge« (die übersinnlichen Fähigkeiten) öffnende, vor vielen Leiden schützende Steine. Feueropale, an die Basis der Wirbelsäule gelegt, stärken nach indianischer Auffassung die Lebenskraft und die Sexualität.

Goldtopase bilden sich im Granit und können beachtliche Größen von mehreren Kilogramm erreichen. Sie schmelzen in Flammen nicht; in der Mythologie wurden sie deshalb der Sonne, nicht dem Mond zugeordnet. Die indianische Edelstein-Medizin schreibt Goldtopasen wohltuende Wirkungen auf den Intellekt und die Kreativität zu; die europäische kennt lindernde Effekte bei Menstruationsstörungen, Kinderkrankheiten (z. B. Röteln), Nervosität und Schlaflosigkeit.

Rosenquarz wird oft in Magma-Gestein – aus uralten, erkalteten Lavaströmen – gefunden und enthält das unverwüstliche Metall Titan. Indianerinnen verwenden ihn bei Hyperaktivität, Herzleiden und Liebeskummer. In der europäischen Edelstein-Medizin heißt es, gewalttätige Persönlichkeiten würden seine Nähe meiden: ein Schutzstein also für die Trägerin.

Leuchtend rot, dafür allerdings auch vergleichsweise teuer sind Rubine oder Sternrubine, die »königlichen« Edelsteine. Sie passen am besten zu Gold, eventuell auch zu Platin. Rubine, heißt es in der indianischen Medizin, bringen verbrauchte Energie sofort zurück und sollten nur von Menschen getragen werden, die selbstlos und großzügig sind (anderen könnten sie schaden). In der östlichen Mythologie nennt man sie »Tropfen Blut vom Herzen der Mutter Erde«. Kristallheilerinnen benutzen Rubine bei allen Blut-, Herz- und Kreislaufstörungen; auch aus der modernen Medizin ist dieser Stein, der in Lasergeräten und mikrochirurgischen Bohrern verwendet wird, nicht mehr wegzudenken.

Ein roter Stein in einem Mondring ist ein sehr direktes, zur Auseinandersetzung herausforderndes Symbol. Er eignet sich daher besonders gut für selbstbewußte, sprechgewandte, extrovertierte Mädchen, die viel Realitätsbezug haben.

☾ Ein **schwarzer Stein** symbolisiert den Neumond oder Schwarzmond, wie die Theologin und Frauenforscherin Jutta Voß diese Mondphase auch heute noch nennt[1)]: die Zeit der Menstruation, der inneren Versenkung, der Wandlung, den Untergang des Bisherigen, aus dem das Neue hervorgehen wird. Schwarz lenkt die Kraft nach innen. Diese »Unfarbe«, wie Schwarz – und auch Weiß – in der Farbtherapie genannt wird, hebt sich am deutlichsten von heller Haut ab. Zu den schwarzen Steinen gehören beispielsweise der Jett (schwarzer Achat), schwarze Granate und Obsidian.
Jett, auch Gagat genannt, entstand vor Jahrmillionen aus versteinerten Schuppentannen. Wird er gerieben, entwickelt er statische Elektrizität. In der Bronzezeit galt dieser Stein als besonderer Glücksbringer; in der Edelsteinmedizin ist er ein Mittel gegen Atemprobleme und Kopfschmerzen. Jett verkratzt relativ leicht und sollte daher nicht ständig getragen werden.
Achate gehören zu den Quarzen; sie sollen die Bewußtseinserweiterung fördern und Schutzsteine für Reisende sein. Schwarze Achate stehen für Meditation.
Obsidiane entstammen vulkanischem Gestein und enthalten sehr wenig Wasser, dafür viele glasähnliche Strukturen. In der fernöstlichen Kunst wurden sie wegen ihrer Härte

und ihres Glanzes sehr geschätzt. Weise Frauen benutzten den Obsidian als Weissagespiegel, weil er Ruhe und Leere ausstrahlt und das Meditieren fördert. Bei der Kristallheilung dient er dazu, negative Energien abzuleiten.
Manche Mädchen tragen die Farbe Schwarz besonders gern, gerade auch als Schmuck, denn sie signalisiert der Außenwelt: »Komm mir nicht zu nahe!«

> Ein schwarzer Stein im Mondring ist ein besonders mystisches, den »dunklen« Teil der weiblichen Psyche symbolisierendes Symbol. Er eignet sich daher besonders gut für Mädchen mit Hang zur Esoterik, die gern ihre eigenen Wege gehen.

Weitere Frauen-Symbole

In der weltweiten Frauenbewegung wurden verschiedene Frauen-Symbole wiederentdeckt oder neu gestaltet. Auch sie können einen Mondring oder ein anderes, zur Menarche geschenktes Schmuckstück zieren – vor allem dann, wenn die Heranwachsende selbst sich der Frauenbewegung zugehörig fühlt (etwa in einer Mädchengruppe aktiv ist) beziehungsweise die frauenbewegten Ansichten ihrer Mutter oder ihrer Mondpatin teilt. Zu diesen Symbolen gehören:

♀

☾ Das **Frauenzeichen,** die auf einem Kreuz ruhende Kugel. Sie versinnbildlicht den Granatapfel, eines der ältesten Symbole weiblicher Fruchtbarkeit, mit seinem roten Saft und den zahlreichen, wie Eizellen im Eierstock aneinandergeschichteten Samen (in denen die moderne Wissenschaft zudem das höchste natürliche Vorkommen an pflanzlichen Östrogenen entdeckte, den weiblichen Hormonen chemisch nah verwandt). Mit Granatapfelextrakten regelten Frauen des Mittelmeerraums in Frühzeit und Altertum ihre Fruchtbarkeit. Im Altertum bekam die Liebesgöttin Venus das Zeichen zugeordnet. In der Biologie wird der stilisierte Granatapfel zur Darstellung des weiblichen Geschlechts verwendet.

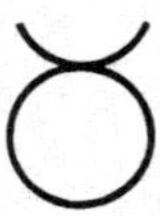

☾ Das **Isis-Zeichen,** Symbol der altägyptischen Schöpfergöttin, die als »Spenderin allen Lebens« unter diesem und anderen Namen auch in der gesamten griechisch-römischen Welt verehrt wurde. Ihr Zeichen besteht aus der (Sonnen-)Kugel, geschmückt mit den geschwungenen Hörnern der heiligen Mondkuh, aus deren Milch das Urmeer entstand (siehe dazu S. 69). Aus dem Isis-Kult ging später die Marienverehrung hervor, wie Barbara G. Walker[2)] erläutert.

☾ Das ägyptische Lebenszeichen **anch,** formal mit dem Granatapfelzeichen eng verwandt, war in Lybien und Phönizien ein altes Zeichen der Muttergöttin und wurde später als Zeichen der »göttlichen Hochzeit« (in übertragenem Sinn: der Vereinigung von weiblichem und männlichem Prinzip) verwendet.

☾ Die **Doppelaxt,** auch Labrys genannt, ein mehrere tausend Jahre altes Symbol aus Matriarchaten des Mittelmeerraums, vor allem

Kreta. Dort repräsentierte es die selbstbewußte Amazonenkriegerin und war außerdem ein zeremonielles Kultzeichen der Erdgöttin Gaia. Später wurde es von männlichen Kriegern und Kulten übernommen und zu einem Symbol kriegerischer Manneskraft umgedeutet. Die moderne Frauenbewegung stellte die ursprüngliche Bedeutung wieder heraus.

☾ Das **Yin-Yang-Symbol** ist ein chinesisches Mandala (Meditationsbild): Ein Kreis wird durch eine S-Kurve in zwei geschwungene Hälften geteilt, von denen eine schwarz, die andere weiß ist; darin leuchtet je ein Punkt in der jeweils anderen Farbe. In der Zeit der Sung-Dynastie (960-1279) war dieses Zeichen noch ausschließlich weiblich und repräsentierte die zyklischen Mondphasen. Später wurde es zum Symbol von Weiblichkeit und Männlichkeit, die einander ergänzen.

☾ Die **Vulva,** dargestellt durch zwei an Fingerspitzen und Daumen aneinandergelegte Hände: Von vorne betrachtet ergibt sich eine Öffnung in der Form der Vagina. Der Ursprung diese Symbols reicht bis in die Frühgeschichte zurück: Vulva-Dreiecke schmücken viele Höhlen, Tempel, Figurinen usw. aus vorpatriarchaler Zeit. In den siebziger Jahren wurde das aus Händen gestaltete Symbol von der amerikanischen Frauenbewegung aufgegriffen. Dieses Zeichen ist sehr körperbezogen und offensiv, eignet sich daher wahrscheinlich eher für Mädchen, die bei ihrer ersten Menstruation schon etwas älter und bewußter sind. Lesbische Frauen und Mädchen tragen es gelegentlich, um ihre Liebe zum eigenen Geschlecht zu demonstrieren (zumindest für Eingeweihte erkennbar). Es kann daher unter Umständen Mißverständnisse geben, falls Ihre Tochter ein solches Symbol trägt, ohne aber der lesbischen Liebe nahezustehen.

☾ Das **Lesbenzeichen** besteht aus zwei Frauenzeichen (siehe oben), die ineinander verschlungen sind. Es wird gelegentlich auch von Mädchen und Frauen getragen, die zwar selbst nicht lesbisch empfinden, jedoch ihre Solidarität mit dieser noch immer vielfach unterdrückten Minderheit ihrer Geschlechtsgenossinnen demonstrieren wollen. Dieses Symbol kann sich daher für Mädchen eignen, die sich entweder selbst stark zum eigenen Geschlecht hingezogen fühlen oder ihre Sympathie für die Frauenliebe offensiv bekunden möchten (zum Beispiel auch, weil ihre eigene Mutter in einer lesbischen Beziehung lebt).

Bevor Sie Ihrer Tochter einen Ring mit einem der genannten Frauen-Symbole schenken, tun Sie sicher gut daran, mit ihr darüber zu sprechen, ob sie mit einer solchen Wahl – und der möglichen Auseinandersetzung mit ihrer Umwelt, die auf das Symbol reagiert – einverstanden wäre.

Wofür Sie oder Ihre Tochter sich auch immer entscheiden: Machen Sie aus dem Mondring ein besonderes Geschenk zu einem besonderen Anlaß. Packen Sie ihn liebevoll ein, vielleicht in eine hübsche Schatulle; streifen Sie ihn über eine »Fingerringhand«, über eine einzelne Rose oder einen Blütenzweig (zu Blumengeschenken siehe ab S. 121) oder legen Sie ihn in ein besonders schönes Schälchen. Falls Sie vorhaben, ihn in einem ersten Glas Sekt für die Heranwachsende zu kredenzen, erkundigen Sie sich vorher, ob der Stein dabei Schaden nehmen könnte. Sekt enthält Säure und kann weiche, poröse oder polierte Steine durchaus angreifen oder in ihrer Farbe verändern.

Das Datum der Menarche festhalten

Etwas ganz Persönliches bekommt der Mondring, wenn das Datum der Menarche darin eingraviert wird. An diesen bemerkenswerten Tag erinnern sich, zumindest in unserer Kultur, die allerwenigsten jungen Mädchen und Frauen nach einiger Zeit noch genauer, denn er wird – zumindest bislang – traditionell nicht zur Kenntnis genommen, anders als etwa Namenstage, Geburtstage, Tauf-, Kommunions- oder Konfirmationsdaten. Viele wissen gerade noch das Jahr ihrer ersten Menstruation. Andere haben allenfalls noch im Kopf, wie sie sich damals fühlten: verlegen oder unsicher, vor Scham errötend, wütend, entsetzt, neugierig, erschrocken, angstvoll, voller Staunen. Selten genug war es ein stolzes, glückliches Gefühl.

Das einmalige Datum ihres Eintritts ins Frauenleben als Gravur festzuhalten, ist ein weiterer, sichtbarer, stets nachlesbarer Beweis dafür, daß es zumindest einen Menschen gab, der stolz darauf war, Ihre Tochter im Frauen-Leben willkommen heißen zu können: Sie.

Eine solche Erinnerung kann eine unschätzbare Hilfe im späteren Leben bedeuten. Stolz auf etwas zu sein, das von weiten Teilen der Bevölkerung immer noch mit Tabus belegt, verschwiegen, verlacht, unterdrückt oder gar frech als »Fehler der Natur« abqualifiziert wird (wie sich erst vor wenigen Jahren ein paar besonders »moderne« deutsche und amerikanische Gynäkologen erdreisteten) – das ist mitunter schon schwierig genug. Es wird noch schwieriger, wenn keinefrau da ist, die dieses Gefühl vorlebt und teilt. Das Datum der eigenen Menarche festzuhalten, bedeutet, einen Markstein zu setzen. Der Weg danach ist vielleicht nicht immer einfach, aber doch immerhin existent, markiert, als solcher anerkannt. Sie haben Ihrer Tochter am Tag der Menarche geholfen, ihn zu betreten. Daran in schwierigen Momenten durch den Ring und seine Gravur erinnert zu werden, tut ihr gut.

Mondring mit Familienwappen

Manche Familien haben ein Wappen zu tradieren. Oft sind es nur die Söhne, die das Recht eingeräumt bekommen, einen Ring mit dem Familienwappen zu tragen. Ein Mondring ist eine gute Gelegenheit, mit solchen, das weibliche Geschlecht herabsetzenden und benachteiligenden Traditionen zu brechen und die verstaubten Zöpfe abzuschneiden. Sowohl einfache Reifringe als auch »Mondspiegel« oder Schmucksteine können ohne weiteres mit dem Familienwappen versehen werden. Die Menarche ist ein sehr passender Anlaß, der Tochter diesen Ring zu schenken, so wie die Konfirmation, der 14., 16. oder 18. Geburtstag oder das bestandene Abitur gute Anlässe sein können, dem Sohn einen Wappenring zu übergeben.

Achten Sie allerdings auf eines: Manche Töchter sind, aus sehr persönlichen Gründen, nicht sehr glücklich darüber, aus einer Familie zu kommen, die ein Wappen ihr eigen nennt und darauf stolz ist. Manche lehnen solche Symbole sogar rundweg ab. Versuchen Sie nicht, Ihrer Tochter ausgerechnet an ihrem einmaligen Ehrentag etwas aufzuzwingen, das Ihrem Stolz, aber nicht dem Stolz Ihrer Tochter entspricht. Wählen Sie in einem solchen Fall lieber etwas Unverfängliches, ohne Familien- oder Standeskennzeichen, und heben Sie sich etwaige Diskussionen darüber für eine andere Gelegenheit auf. Ihre Tochter kommt gerade erst in die Pubertät. Mag sein, daß sie in ein paar Jahren ganz anders darüber denkt als in diesem Moment.

Der Ring als Wertanlage?

Ein Mondring ist etwas Kostbares und Bedeutsames, auch wenn er vom Materialwert her nicht teuer ist oder zu sein braucht. Manche Eltern, vor allem Väter, könnten nun allerdings auf die Idee kommen, das Schöne mit dem Nützlichen zu verbinden und der Tochter einen materiell besonders wertvollen Mondring, etwa mit einem größeren Diamanten, zu schenken: als Voraus-Erbteil, Altersvorsorge oder Wertanlage.

Vor dieser Einstellung möchte ich jedoch warnen, und das aus mehreren Gründen. Zum einen profanisiert eine solche (Über-)Betonung des materiellen Wertes den sehr persönlichen, symbolischen und spirituellen Wert, den das Menarche-Geschenk vor allem repräsentieren soll. Ein allzu teurer Edelstein zum Beispiel lenkt den Blick von der Empfängerin, die gefeiert werden soll, auf die Spendabilität und den materiellen Wohlstand der oder des Schenkenden. Ein solcher elterlicher Egoismus ist bei dieser Gelegenheit jedoch völlig fehl am Platz. Und auch das Mädchen, so stolz es zunächst auf das teure Geschenk sein mag, vergißt über dem materiellen Wert leicht, wofür der Ring eigentlich steht: den immateriellen, aber viel bedeutsameren Wert, den ihr Frau-Werden hat.

Auch wenn die unvergeßliche Norma Jean Mortenson alias Marilyn Monroe (1926–1962) in einem ihrer bekanntesten Songs verkündete: »Diamonds are a girl's best friend« – die besten Freundinnen jeder Jugendlichen sind keineswegs Diamanten, sondern ihre positive Einstellung zu sich selbst, ihr Selbstwertgefühl und Selbstbewußtsein.

Ein teures Schmuckstück hat zudem den großen Nachteil, daß die Heranwachsende es nicht tragen kann, wann sie gerne möchte, oder immer Angst haben muß, es zu verlieren oder gar bestohlen zu werden. Zwar bekommt sie mit einem Mondring auch eine gewisse Verantwortung übertragen, auf den Schmuck achtzugeben: Der Ring zeigt schließlich an, daß sie nun allmählich erwachsen wird, was Rechte, aber auch Pflichten mit sich bringt. Andererseits ist sie beim Eintritt ihrer Menarche vielleicht noch sehr jung an Jahren und wäre mit der Verantwortung für größere materielle Werte überfordert. (Statistisch gesehen, haben Mädchen unserer Breiten im Durchschnitt mit zwölfeinhalb ihre Menarche. Sie können aber auch erst zehneinhalb oder schon fünfzehn sein.) Kommt der Ring tatsächlich einmal abhanden, darf daraus kein Familiendrama entstehen. Er sollte also notfalls ersetzbar sein.

Denken Sie daran, das Menarche-Datum Ihrer Tochter irgendwo schriftlich festzuhalten, wo diese Information nicht verlorengehen kann! Auf diese Weise kann das Datum auch nachträglich eingesetzt – oder in einen Ersatzring graviert werden, falls der erste einmal unauffindbar sein sollte.

Einen sehr teuren Mondring mögen Mädchen nicht immer unbefangen Freundinnen zeigen, deren Eltern ihnen keine solchen Schmuckstücke schenken wollen oder können. Vielen Jugendlichen sind soziale Unterschiede in ihrem engeren Umfeld völlig gleichgültig; sie besitzen aber oft einen untrüglichen Spürsinn dafür, wann sie besser nicht zur Schau stellen sollten, daß sie aus einer wohlhabenden Familie kommen. Ein Mondring symbolisiert auch und nicht zuletzt die Solidarität von Mädchen und Frauen untereinander, über alle Schichten und Grenzen hinweg. Angeberei und Neid sprengen solche Gemeinsamkeit.

Ein Mondring entfaltet nur dann seine ganze Bedeutung, wenn er nicht in einer Kassette oder gar einem Safe verborgen bleiben muß, sondern gern und unbefangen getragen wird. Die Geschichte, die damit verbunden ist, kann gar nicht oft genug erzählt werden. Auch Geschichtenerzählen begründet Traditionen.

Eine Quelle der Kraft

Der Tastsinn ist der allererste Sinn, der sich beim Wachstumsprozeß im Mutterleib entwickelt, und er bleibt auch nachgeburtlich lange Zeit – bei sinnesbehinderten Menschen oft sogar lebenslang – der wichtigste. Was wir berühren können, »existiert wirklich«. Viele Menschen haben die Neigung, Gegenstände, die ihnen aus irgend einem Grund viel bedeuten, oft zu berühren, als schöpften sie aus dem Kontakt Sicherheit, Bestätigung, innere Ruhe und Kraft. Kraft-Amulette werden seit Urzeiten am Körper getragen oder als Ringe an den Finger gesteckt. Auch der Mondring läßt sich in diesem Sinne als Quelle der Kraft nutzen.

Manche Heranwachsende möchte ihn womöglich nie mehr absetzen. In diesem Fall sollten Sie darauf achten, daß das Geschenk gut zu anderen Schmuckstücken des Mädchens paßt, die es oft trägt. Ein schöner Mondring ist dann von der Hand der Trägerin eines Tages kaum noch wegzudenken (ändert sich die Ringweite, kann er im Juwelierladen meist ohne große Kosten angepaßt werden). Er steht der jungen Frau immer zur Verfügung, wenn sie ihren weiblichen Stolz zusammennehmen muß: zum Beispiel in einer verletzenden Situation, wenn sie misogyn (= frauenfeindlich) behandelt wird, Ungerechtigkeiten wegen ihres Frau-Seins erfährt, frauenverachtende Bemerkungen zu hören bekommt, dumme Witze über die Menstruation gerissen werden, und vieles mehr. Den Ring zu berühren, kann ihr die innere Sicherheit zurückgeben: Ich bin *gerade deshalb* etwas wert, weil ich eine Frau bin.

Das ist keineswegs lächerlich oder unsinnig. Sehr viele Menschen benötigen einen symbolträchtigen Gegenstand, an dem sie sich manchmal seelisch – und oft auch ganz körperlich – aufrichten. Das Kreuz am Hals oder Gürtel gläubiger Christen beispielsweise erfüllt genau diesen Zweck.

Manche Mädchen ziehen es hingegen vielleicht vor, ihren Mondring nur dann zu tragen, wenn sie menstruieren: als sichtbares äußeres Zeichen dieses gesunden, lebensvollen Vorgangs in ihrem Körper. Der Mondring wird dann zum Zyklusring. Es kann die Einstellung zur Monatsblutung – und damit, wie in der psychosomatischen Medizin nur allzugut bekannt ist, auch das Auftreten von Menstruationsbeschwerden – ganz erheblich positiv beeinflussen, ein besonderes Schmuckstück zu besitzen, das nur zu diesen wichtigen Zeiten hervorgeholt und stolz getragen wird.

Ein Mondring für die erwachsene Frau

So mancher Frau mag beim Lesen der Gedanke gekommen sein: Ach, einen solchen Mondring hätte ich auch gern bekommen! Aber damals, als es bei mir so weit war, dachte kein Mensch an so ein Geschenk…

Warum machen Sie es sich nicht selber? Dafür ist es nie zu spät – selbst wenn Sie schon über die Wechseljahre hinaus sein sollten oder Ihre Menstruation aus anderen Gründen aufgehört hat! Eine ganze Frau sind Sie deshalb trotzdem und gehören als solche zur Gemeinschaft des weiblichen Geschlechts. Auch Ihnen gebührt, ob Sie je schwanger waren oder nicht, das Symbol seiner Stärke.

Wenn Sie also einen Mondring besitzen wollen, gehen Sie einfach los und suchen Sie sich einen besonders schönen aus. Wählen Sie sich ein Datum dafür, das Ihnen gut gefällt; machen Sie einen ganz eigenen Feier-Tag daraus und beschenken Sie sich. Oder lassen Sie sich, wenn Sie das wollen, von Ihrem Partner bzw. Ihrer Partnerin einen Mondring schenken. Vielleicht haben Sie Freundinnen oder Schwestern, die diese Idee ebenfalls wunderschön finden. Machen Sie ein gemeinsames Fest daraus, an dem Sie sich gegenseitig etwas schenken und einander feiern! Der Mondring wird dann auch zum Zeichen Ihrer liebevollen Verbundenheit.

»Mondfeste« zur ersten Menarche können durchaus im größeren Kreis gefeiert werden, wie das bei vielen Völkern Brauch war und ist (ab S. 157 finden Sie Vorschläge zur Gestaltung solcher Feste). Es kann sogar sehr sinnvoll und schön sein, wenn mehrere junge Mädchen dabei gleichzeitig geehrt und beschenkt werden – selbst wenn sie natürlich nicht alle am gleichen Tag, vielleicht noch nicht einmal im gleichen Monat ihre erste Menstruation hatten. Je stärker eine Tradition im Bewußtsein verankert ist, desto eher läßt sie sich auch verallgemeinern, ohne daß der individuelle Symbolgehalt dabei verlorengeht.

> Für Ihr persönliches, nachträgliches Mondfest als längst erwachsene Frau sollten Sie sich einen eigenen Tag aussuchen, statt ihn mit Ihrer Tochter oder mehreren Heranwachsenden zusammen zu begehen. Die Feier der *ersten* Menstruation sollte stets im Mittelpunkt bleiben. Das Gefühl der Wichtigkeit, das für das junge Mädchen dabei so bedeutsam ist, kann leicht überschattet werden, wenn sich die Mutter oder andere erwachsene Frauen gleichzeitig ein Mondfest ausrichten.

Nichts spricht übrigens dagegen, Mädchen – auch kleinere – in Ihr eigenes Mondfest einzubeziehen! Ganz im Gegenteil: Haben sie ihre Menarche schon hinter sich, ohne daß dem damals besondere Beachtung geschenkt wurde, kann die Feier jetzt mit nachgeholt werden. Sind sie noch nicht in der Pubertät, ist die Teilnahme an diesem Fest eine gute Gelegenheit, sie auf ihre eigene Menarche einzustimmen.

Genannte Literatur:

1) Voß, Jutta: Das Schwarzmond-Tabu. Die kulturelle Bedeutung des weiblichen Zyklus. Kreuz Verlag, Zürich 1988.
2) Walker, Barbara G.: Das geheime Wissen der Frauen. Eine Enzyklopädie. Deutscher Taschenbuch Verlag, München 1995.

5. Kapitel: Blumenduft und Mondkalender – Weitere Geschenkvorschläge zur ersten Menstruation

Vielleicht spielt Ihre Tochter mit Leidenschaft Klavier, Geige oder ein anderes Instrument und trägt deshalb so gut wie nie einen Ring. Oder sie ist begeisterte Schwimmerin und hat Angst, einen Mondring rasch zu verlieren. So manche Mutter betrachtet sich auch kopfschüttelnd ihr schußliges Mädchen, das nie Ordnung hält und immer wieder etwas verschlampt: Nein, einen Ring würde sie dieser Chaotin (noch) nicht gern anvertrauen!

Es gibt sicher viele Gründe, so ein Schmuckstück nicht für das ideale Menarche-Geschenk zu halten. Falls es Ihnen darum leid täte, weil Ihnen die Idee des Mondrings gut gefällt, könnten Sie ihn Ihrer Tochter natürlich trotzdem schenken – aber mit der Bedingung, daß sie ihn erst tragen darf, wenn sie volljährig ist, oder nur zu besonderen Gelegenheiten; bis dahin bewahren Sie ihn für sie auf. Mit einem enttäuschten Gesicht müssen Sie dann allerdings rechnen. Es hellt sich wieder auf, wenn Sie außerdem noch etwas anderes für Ihre Tochter bereithalten, das ihr Freude macht. Vielleicht finden Sie unter den folgenden Anregungen sogar etwas, was Ihnen und ihr noch viel besser gefällt.

Der Mondblumenstrauß

Blumen sind in vielen Kulturen als Geschenk und Schmuck sehr beliebt und können eine ganz eigene Sprache sprechen. Selten hat ein junges Mädchen, das gerade erst in die Pubertät kommt, schon einmal einen ganz persönlichen Blumenstrauß erhalten – von religiösen Anlässen wie der Erstkommunion oder Konfirmation oder vom blumengeschmückten Tisch beim Kindergeburtstag vielleicht abgesehen. Blumen eignen sich daher ausgezeichnet als Geschenk zur Menarche.

»Wir winden dir den Jungfernkranz«, heißt es in einem bekannten Lied, das den Schmuck der jungen Braut vor der Hochzeit besingt. Um die Betonung der Jungfräulichkeit, also der Unversehrtheit des Hymens (= Jungfernhäutchens) und die damit verknüpfte sexuelle »Unberührtheit« der Heranwachsenden – ohnehin ein patriarchales Weiblichkeitskonzept – geht es bei dem Fest zur ersten Menstruation allerdings gerade nicht. Gefeiert wird ja vielmehr ein wichtiger Reifevorgang, das Ende der Kindheit, der Übergang ins Leben als heranwachsende Frau. Natürlich ist mit der Menarche auch die Sexualität der Jugendlichen eng verknüpft: Sie kann jetzt, falls sie auch schon einen Eisprung hatte, theoretisch schwanger werden (geschwängert werden, sollte es vielleicht besser heißen, denn freiwillig legt es sicher kein Mädchen in diesem Alter darauf an, ein Kind zu bekommen). Doch nicht die Gefahren der Reife, sondern die Freude am Reifeprozeß stehen bei einem Mondfest an allererster Stelle.

Ein Blumengeschenk sollte daher keine Ähnlichkeit mit einem Brautstrauß oder Jungfernkranz haben: Das gäbe zu Mißdeutungen Anlaß. Suchen Sie die Blumen daher sorgsam aus, und erklären Sie Ihrer Tochter auch, weshalb Sie ihr genau diese »Mondblumen« schenken.

»Die Blüte ist das Ursymbol des Neuanfangs«, konstatiert Jutta Voß[1)]. Zweitausend Jahre vor unserer Zeitrechnung wurden die babylonische Göttin Nintu, die ägyptische Göttin Nut-Neith, die ugaritische Göttin Astarte und andere weiblichen Gottheiten mit Blüten in den erhobenen Händen dargestellt. Die ägyptische Göttin Hathor trägt Lotosblüten, ebenso viele fernöstliche Göttinnen. (Viele Jahrhunderte später eignete sich Buddha, Verkünder der hinduistischen Weisheit, das weibliche Symbol des Urbeginns an und setzte sich darauf.)

Im Mittelmeerraum wurden weibliche Gottheiten vor allem mit Granatapfelblüten abgebildet – oder auch mit dem Granatapfel selbst, dem Symbol weiblicher Fruchtbarkeit, das später von männlichen Herrschern als Machtsymbol (Reichsapfel, Zepter) vereinnahmt wurde. Die roten Granatäpfel, so die Mythenforscherin Voß, sind *das* Symbol der blutdurchströmten Gebärmutterschleimhaut, »von Sumer bis Irland verehrt und allen Göttinnen heilig«[1)]. Evas biblische »Frucht der Erkenntnis« war ebenfalls kein gewöhnlicher Apfel, sondern ein Granatapfel. Er repräsentiert in diesem Zusammenhang das, was die katholische Kirche später als »Verlust der Unschuld« interpretierte, nämlich die Sexualität.

Blodeuwedd hieß die keltische Blütengöttin, der Sage nach aus neun verschiedenen Blüten erstanden, darunter der heiligen Primel. Anderswo hieß sie Olwen, Göttin der Milchstraße und aller Sterne sowie des Sichelmonds, ähnlich der kretischen Rhea oder der nordischen Holle (heute zur kopfkissenschüttelnden Märchenfrau verkommen). Diesen Göttinnen wurden der Wildapfel und der weiße Klee zugesprochen – der vierblättrige, natürlich. Die altgriechische Göttin Kore wurde mit Narzissen, Anemonen und Mohnblüten dargestellt – Symbolen der Dreieinigen Göttin und der drei Phasen des Monds (siehe S. 101).

Wenn Sie die genannten Blühpflanzen in Ihrem Mondblumenstrauß oder -kranz verwenden, knüpfen Sie damit an uralte Frauentraditionen an. Natürlich hängt es von der Jahreszeit und den klimatischen Bedingungen ab, welche Blüten Sie überhaupt in einer Gärtnerei bzw. Blumenhandlung bekommen oder im eigenen Garten bis zur Blüte heranziehen können. Die Menarche Ihrer Tochter folgt ihren eigenen zeitlichen Gesetzen, nicht Ihrem Blumenwunsch. Welche Blüten Sie auch immer wählen – erzählen Sie Ihrer Tochter davon, was diese Pflanzen früher einmal bedeuteten und was sie mit ihrem nun beginnenden Zyklus zu tun haben. Sie schenken ihr damit gleichzeitig ein Stück ihrer weiblichen Kulturgeschichte.

Im deutschen Sprachgebrauch gibt es einige wenige Blühpflanzen, die an Mondgöttinnen oder den Mond erinnern. So etwa die Mondviole *(Lunaria),* auch Silberblatt genannt, eine wildwachsende Pflanze aus der Gattung der Kreuzblütler. Außerdem die sogenannten Mondsamengewächse, Gattungsbegriff *Menispermacea,* deren Samenform an den Sichelmond erinnert. Zu den Zierpflanzen dieser Gattung gehören der Kanadische Mondsame *(Menispermum canadense)* und der Sibirische Mondsame *(Menispermum dahuricum).* Auch ein Farn hat seinen Namen von unserem Erdtrabanten, die Mondraute *(Botrychium lunaria).*

Als Mondbohne *(Phaseolus lunatus)* wird eine Variante von Gartenbohnen bezeichnet, die auch als Ziergewächs gezüchtet wird und als raschwachsende Topf- oder Gartenpflanze durchaus verschenkt werden kann. Einem Tee aus den gelben Fruchtklappen (Schoten, Hülsen) der Mondbohnen werden Heilwirkungen bei verschiedenen Erkrankungen – unter anderem bei Nierenleiden, Herz- und Rheumabeschwerden – zugesprochen; sie enthalten Aminosäuren, Stärke, Mineralstoffe und Vitamin C.

Es steht Ihnen natürlich frei, einfach *die* Lieblingsblume Ihrer Tochter zur ganz persönlichen Mondblume zu erklären oder eine neue zu küren, die Ihnen von ihrer Schönheit her, ihrer weißen oder roten Farbe, ihrer an den Mond erinnernden Form oder aus anderen Gründen besonders für ein Menarche-Geschenk geeignet erscheint. Erklären Sie Ihrer Tochter, warum Sie gerade diese Pflanze gewählt haben. Oder besser noch: Nehmen Sie sie mit in den Garten, in Wald und Feld, in eine Blumenhandlung oder Gärtnerei, und lassen Sie sie selbst eine Pflanze als Mondblume auswählen. Erläutern Sie ihr vorher die Symbolik, und bitten Sie sie dann, Ihnen zu erklären, warum sie sich für eine bestimmte Pflanze entscheidet. Akzeptieren Sie, wenn irgend möglich, ihre Wahl.

Topf- und Gartenpflanzen haben den Vorteil, daß sie länger halten als Schnittblumen – und keine Pflanze für das Geschenk sterben muß. Zudem kann der Heranwachsenden damit auch eine neue Verantwortung übertragen werden: die Sorge um ein lebendes Pflanzenwesen, das sie mit Nahrung versorgen und gegen Krankheiten schützen lernen kann.

Wer keinen Garten oder Balkon hat und/oder eine Tochter, die nicht mit dem »grünen Daumen« gesegnet ist bzw. kein Interesse an der Pflanzenhege zeigt, kann das Mondblumengeschenk auch in anderer Form überreichen:

- ☾ als frischen Blumenstrauß in einer schönen Vase,
- ☾ als Trockenblumenstrauß (in einer Fachhandlung nachfragen, falls Sie so etwas selber machen wollen),
- ☾ als frischen oder getrockneten Kranz fürs Haar, der am Festtag getragen wird,
- ☾ als Preßblumen hinter Glas, in einem kunstvollen Rahmen,
- ☾ als Streublumen, die Ihre Tochter schon beim Aufstehen als Blütenteppich vorfindet (aber nicht selbst wieder wegfegen muß!),
- ☾ als Tisch- oder Zimmerdekoration,
- ☾ als duftende Blütenschale.

Der Mondblütenduft

Auch ein pflanzliches Aroma-Öl kann ein besonderes Geschenk zur ersten Menstruation sein. Es wird vor allem diejenigen Mädchen entzücken, die sich gern in Düfte hüllen und sich deshalb gelegentlich an Mamas Parfumflaschen vergreifen.

Ein solches »Duftgebinde« läßt sich gut zusammen mit einem Buch zur Anwendung von Duft- und Heilölen der Aromatherapie überreichen (in jeder gutsortierten Buchhandlung erhältlich). Zumindest Sie selbst sollten einen Blick in einen solchen Ratgeber werfen, um nachzusehen, was es dabei alles zu beachten gilt. Manche Öle dürfen zum Beispiel nicht erhitzt werden, weil sie dann ihr Aroma verändern oder gar ihren Brennpunkt erreichen; andere sollten nicht vor dem Sonnenbaden auf die Haut gelangen, weil es sonst braune Flecken oder Ausschlag gibt, und so weiter.

Aromatische Öle können gemeinsam verschenkt werden mit

- ☾ einem Duftlämpchen,
- ☾ einem Blütenpotpourri, in das dann Tropfen des Aromaöls geträufelt werden,
- ☾ einem Duftkissen für den Kleiderschrank,
- ☾ einer wunderschönen Badeöl-Flasche,
- ☾ dem Versprechen, der Tochter damit entspannende Massagen zu verabreichen, wenn sie sich das wünscht.

Düfte haben viele heilsame Wirkungen, vor allem auf die Seele. Manche helfen besonders gut bei Verkrampfungen und Schlafstörungen, wie sie bei jungen Mädchen recht häufig vorkommen: zum Beispiel Melisse, Minze, Rose oder Lavendel. In meinem Buch ›Naturheilkunde. Das Handbuch für Frauen‹[2] finden Sie ausführliche Informationen über Aromatherapie und ihre Anwendungsmöglichkeiten. Ein duftendes Menarche-Geschenk dient also auch der Gesundheitsfürsorge und knüpft zudem an uralte Heilerinnen-Traditionen an: Die Gesundheit, vor allem die weibliche, lag in früheren Zeiten fast ausschließlich in Frauenhand. Männliche Heilkundige, zum Beispiel Schamanen und Druiden, mußten – und müssen bei vielen Naturvölkern noch heute! – erst bei einer Weisen Frau in die Lehre gehen und von ihr die Initiationsweihen erhalten, bevor sie selbst die Heilkunde und/oder kultische Handlungen ausüben durften. Und auch heute wieder sind es vor allem Frauen, die sich mit Heilweisen aus der Natur beschäftigen und ihre Wirkungen kennen.

Wenn Ihre Tochter einmal traurig ist – und welche Heranwachsende wäre das nicht gelegentlich, sogar zu Tode betrübt! –, oder wenn sie Gebärmutterkrämpfe hat, kann das Entzünden ihres Duftlämpchens, die Massage oder das heiße Bad mit ihrem Aromaöl sehr zu ihrer Entspannung beitragen. Ein guter Duft zaubert gute Laune. Nicht umsonst gehören

Rauchopfer zu den frühesten Versuchen der Menschheit, ihre Gottheiten günstig zu stimmen.

Der Mondbaum

»Drei Dinge muß ein Mann tun«, hieß es früher, »um zu zeigen, daß er ein richtiger Mann ist: ein Haus bauen, einen Baum pflanzen und einen Sohn zeugen.«

Der Bau des Hauses, des Wigwams, der palmwedelgedeckten Hütte ist in vielen Kulturen ausschließlich Sache der Frau. Das Pflanzen übernehmen laut UNO-Berichten auf rund 80 Prozent des von Menschenhand bewirtschafteten Bodens unserer Erde ebenfalls die Frauen. Und mit Söhnen allein wäre die Menschheit rasch ausgestorben.

Einen Baum zu pflanzen, ist etwas Besonderes. Ein Baum wächst meist langsamer als andere Nutzpflanzen. Manchmal braucht er besondere Pflege, um groß werden zu können. In seinem Schatten sollen sich auch kommende Generationen noch ausruhen. Und dort, wo immer mehr Bäume dem sauren Regen, Auspuffgasen, Sägen, Bulldozern und Bränden zum Opfer fallen und die grüne Lunge unserer Mutter Gaia Atemnot bekommt, ist das Pflanzen eines Baumes ein besonderer symbolischer Akt: ein Bekenntnis zum Leben, zur Natur, zum ökologischen Bewußtsein und zur Zukunft.

Ein Mädchen, das erstmals menstruiert, ist der Natur allein durch diese Tatsache ganz besonders nahe. An diesem Tag einen Baum zu pflanzen, hat daher eine symbolische Bedeutung weit über die Verbesserung des ökologischen Gleichgewichts der Erde hinaus. Es zeigt: Diese junge Frau tritt ins

Stadium der Reife ein. Wie der Baum wachsen und Früchte tragen wird, wächst auch sie jetzt ins Frauen-Leben hinein und kann einmal »Früchte ihres Leibes« gebären. Wie der Baum seine Krone recken wird, dehnt auch sie sich aus und kann einmal, als reife Frau, das Leben überschauen. Der Baum, den sie pflanzt, wird mit ihr wachsen, reifen und stark werden.

Ein Baum wächst mit: Wenn Sie Ihrer Tochter ein besonders lebendiges Geschenk zur ersten Menstruation machen wollen, das ihr Wachstum versinnbildlicht, schenken Sie ihr einen »Mondbaum«, den sie selbst einpflanzen darf.

Falls Sie einen Garten haben, ist der Mondbaum sicher am besten dort aufgehoben – es sei denn, Sie ziehen beruflich viel umher und wissen jetzt schon, daß Sie dieses Haus mit diesem Garten nicht mehr lange bewohnen werden. Dann sollten Sie lieber eine andere Lösung (siehe S. 129) oder ein anderes Geschenk wählen. Denn es wäre gut, wenn Ihre Tochter diesen Baum wirklich wachsen sehen, ihn hegen und ein enges Verhältnis zu ihm entwickeln könnte. Zu einem Elternhaus, in dessen Garten noch dazu ihr Mondbaum steht, wird sie immer ein besonderes Gefühl haben. Und nur wenige Bäume sind umpflanzbar, wenn sie einmal tief Wurzeln geschlagen haben.

Welchen Baum Sie und Ihre Tochter wählen, hängt sehr von der Größe Ihres Gartens, dem Klima, dem Sonneneinfall, Ihren gärtnerischen Möglichkeiten und auch Ihrem Geldbeutel ab. Am besten wählen Sie einen Baum, der nicht zu langsam wächst (zum Beispiel eine Birke) oder der nach wenigen Jahren Früchte trägt: Vom eigenen Mondbaum Obst zu ernten, ist etwas besonders Schönes. Fragen Sie in einer Gärtnerei oder Baumschule um Rat, und bedenken Sie dabei auch die unterschiedlichen Pflanzzeiten: Die Menarche Ihrer Tochter und das Pflanz-Fest sollten nicht zu lang auseinander liegen, sonst verliert das Fest seinen Charakter.

Wenn Sie keinen Garten zur Verfügung haben oder darin, weil er nur angemietet ist, nichts pflanzen dürfen, gibt es mehrere Möglichkeiten, Ihrer Tochter dennoch zu einem Mondbaum zu verhelfen:

☾ Erkundigen Sie sich bei der Gemeinde nach der Möglichkeit, einen Baum zu stiften – etwa in einer Grünanlage, in einem nahen Wald, einer Schonung oder in einem Botanischen Garten. Viele Gemeinden haben solche »Baum-Patenschaften« zu vergeben, und sicher läßt sich dabei eine Möglichkeit finden, daß Ihre Tochter den jungen Baum selbst in die Erde setzen und später immer wieder aufsuchen kann. Erklären Sie den Zuständigen Sinn und Zweck Ihres Geschenks. Sie werden wahrscheinlich auf Erstaunen, aber auch auf Verständnis stoßen.

☾ Fragen Sie in der Gärtnerei nach Bäumen bzw. baumähnlichen Gewächsen, die Sie im Topf auf dem Balkon oder der Terrasse großziehen können. Es kann auch ein schöner Zierstrauch sein oder ein Mini-Obstbaum wie z. B. eine Kumquat (chinesische Mandarine), die auch im sonnigen Wintergarten gedeiht. Achten Sie jedoch darauf, daß die Pflanze verhältnismäßig pflegeleicht, für Klima und Platz geeignet, langlebig und nicht übermäßig anfällig für Ungeziefer ist. Auch Yucca-Palmen und andere subtropische Gewächse eignen sich als Mondbäume, vor allem, wenn Ihre Tochter ein ausgesprochenes »Sonnenkind« ist und Wärme liebt.

☾ Schenken Sie Ihrer Tochter einen schönen Topf sowie einen Avocadokern oder einen anderen Baumsamen, aus dem sie dann selbst ihren Mondbaum ziehen kann (dazu am besten ein Buch über Pflanzenpflege).

☾ Lassen Sie Ihre Tochter – und zur Sicherheit auch sich selbst – in die Geheimnisse der Bonsai-Züchtung und/oder Bonsai-Haltung einweihen, und schenken Sie ihr einen jungen Bonsai als Mondbaum. Er kann sie ihr Leben lang überallhin begleiten, vorausgesetzt, er wird richtig gepflegt. Die Kunst der Bonsai-Züchtung stammt aus Japan. Richtig ausgeübt, verlangt sie Liebe zur Natur, Blick für ausgewogene Formen, Gewissenhaftigkeit bei der Behandlung der Pflanze und Sinn für ihre besondere, natürliche Schönheit (der dabei auch geübt werden kann). Solche Mini-Gewächse eignen sich daher besonders gut für naturliebende und gleichzeitig künstlerisch veranlagte Mädchen, die das Leise schätzen. Vor einem Bonsai läßt sich gut meditieren und zur inneren Ruhe finden; das kann der jungen Frau oft wertvolle Hilfe leisten, zum Beispiel, wenn sie unter Menstruationsschmerzen leidet. Erklären Sie Ihr den Sinn eines solchen Geschenks. Am besten, Sie schenken Ihr außerdem noch ein gutes, nicht zu schwieriges Buch über Bonsai-Kultur. Sie finden solche Bücher in jeder gutsortierten Buchhandlung oder auch im Bonsai-Zentrum. – Ein Bonsai ist um so teurer, je älter und besser geformt er schon ist. Übertreiben Sie es jedoch nicht mit dem Wert des Geschenks (siehe dazu ab S. 113).

Einen Mondbaum ganz besonderer Art, allerdings keinen lebendigen, können Sie für Ihre Tochter kreieren, wenn Sie sich an dem uralten Symbol des »heiligen Mondbaums« orientieren. Er war, so die Menstruationsforscherin Miranda Gray[3)], schon im frühen Assyrien als »Baum des Lebens« bekannt und hat auch in der jüdischen und christlichen Kultur eine lange Tradition. Abbildungen aus alter Zeit stellen ihn u. a. als Baum dar, dessen Äste weit ausladen und mit Früchten oder besonderen Symbolen verschiedener Art reich behängt sind; die Spitze krönt eine Sichel des aufgehenden Mondes oder auch der »Mondspiegel« der Göttin. Unsere heutige Tradition, in der Walpurgisnacht zum 1. Mai einen Maibaum aufzustellen, entstammt diesem kultischen Brauch. In manchen Gegenden ist der Maibaum mit Darstellungen des örtlichen Handwerks, Gemeindewappen und anderen Symbolen der dort Ansässigen geschmückt; in anderen trägt er Abbildungen der Baum- und Feldfrüchte, die in dieser Region geerntet werden – und kommt damit dem ursprünglichen

»Baum des Lebens«, der die Fruchtbarkeit der Erde und damit der gesamten Weiblichkeit symbolisiert, noch am nächsten. Auch Familienstammbäume sind aus dieser Tradition heraus entstanden.

Ob gezeichnet, gemalt oder aus einem schlanken Pfahl, eingesetzten Holzstäben und aus Sperrholz gesägten Symbolen hergestellt, die dann bunt bemalt werden – ein solcher Mondbaum ist unvergänglich, kann das Zimmer Ihrer Tochter schmücken und sie zur Entwicklung der eigenen kreativen Energie anregen. Wie er geschmückt wird, bleibt Ihrer (beider) Phantasie überlassen. Ein paar Anregungen dazu:

☾ Falls Sie Ihre Familie einige oder gar viele Generationen weit zurückverfolgen können, haben Sie die Möglichkeit, Ihrer Tochter einen *weiblichen Stammbaum* zu schenken. Jedes Blatt des Mondbaums trägt dann den Namen einer ihrer Vorfahrinnen, in aufsteigender Linie, dazu die Lebensdaten (und wo möglich, vielleicht sogar ein Foto); ein besonders gekennzeichnetes Blatt ganz oben trägt ihren eigenen Namen, ein Bild von ihr und das Datum ihrer Menarche.

☾ Der Mondbaum kann auch als *Gabenbaum* mit vielen kleinen bunten Päckchen versehen werden, die jeweils ein kleines Geschenk (z. B. die Lieblings-Süßigkeiten Ihrer Tochter) enthalten und nach dem Auspacken wieder hingehängt werden. In diesem Fall erinnert der Baum an das Weihnachtsfest, in alter Zeit ein Lichterfest zur Wintersonnenwende und in der christlichen Tradition das Fest von Christi Geburt. Auch Ihre Tochter wird ja zur Menarche sozusagen neu geboren und beginnt ihr Leben als Frau.

☾ Der Mondbaum kann außerdem als *Frauenbaum* mit Frauen-Symbolen (siehe ab S. 107) geschmückt werden. Erzählen Sie Ihrer Tochter, was die Symbole bedeuten und was sie mit ihrem eigenen Leben, ihrer weiblichen Geschichte zu tun haben. Sie kann sie eventuell später einmal mit anderen Symbolen ergänzen, die für sie eine besondere Bedeutung haben.

Bestimmte Bäume und Sträucher werden seit Jahrtausenden mit »Kraftplätzen«, heiligen Stätten und weiblichen Gottheiten in Verbindung gebracht. Zu den in Europa bekanntesten zählen Eiche, Haselnußstrauch und Rosmarin, die beispielsweise an keinem »Kraftplatz« des Mittelmeerraums fehlen dürfen. Auch Olivenbäume, Zedern, Roter Ahorn, Walnußbäume, Weißpappeln, Weiden, Eschen oder Kiefern galten in vielen Gegenden als heilige Bäume, einer Göttin geweiht.

Der Ölbaum (Olivenbaum) beispielweise war im alten Griechenland der Göttin Athene zugesprochen – als Baum des Friedens und der Fruchtbarkeit. Auch in der Bibel ist diese Bedeutung bekannt: Die Taube, die Noah über die Wasser aussandte, kehrte mit einem Ölzweig im Schnabel, als Zeichen göttlicher Versöhnung, zur Arche zurück. Der Birnbaum war im alten Griechenland Hera, der obersten Göttin des Olymp, geweiht, wie der Anthropologe Robert von Ranke-Graves berichtet[4)]. Der Granatapfelbaum war das Symbol der Liebes- und Fruchtbarkeitsgöttin Aphrodite. Weiße Pappeln, Espen und Platanen mit ihrer weißschimmernden Rinde und ihren wie segnend ausgestreckten Zweigen galten als Symbole der Wiedergeburt (Symbolfarbe Weiß, im fernen Osten die Farbe der Erleuchtung). Der Walnußbaum galt als Symbol weiblich-göttlicher Weisheit; die Weide war der Dreifaltigen Muse (früher: Mondgöttin mit ihren drei Gesichtern als Voll-, Sichel- und Schwarzmond) zugeeignet und wurde von Priesterinnen für magische Rituale benutzt. Im Efeu mit seinen Verzweigungen, die im Mittelmeerraum oft Baumdicke erreichen, erblickte man die schöpferischen Hände der Erdgöttin Rhea.

Das Baum-Alphabet
Sowohl in den alten Kulturen des Mittelmeerraums wie auch in Gallien benutzte man vor dem Aufkommen des heute bekannten Alphabets ein »Baum-Alphabet«, dessen Konsonanten durch die Anfangsbuchstaben von Bäume-Namen gekennzeichnet waren; die Vokale hingegen stellten Zeitabschnitte des Jahres oder besondere Zeitpunkte dar: A für die Geburt, I für den Tod, E für die Tag-und-Nachtgleiche im Herbst, O für die im Frühling und U für die Sommersonnenwende.

Zypressen und Wacholder, die sogenannten Lebensbäume, hatten in vorchristlicher Zeit eine dem irdischen Leben zugewandte Bedeutung. Heute jedoch werden sie vor allem auf Friedhöfen angepflanzt, um das Leben nach dem Tode zu symbolisieren. Als Mondgeschenk, mit dem Sie ja das Hineinwachsen Ihrer Tochter ins Frauen-Leben feiern wollen, eignen sie sich daher nicht.

Die Monduhr

Uhren sind sehr beliebte Geschenke zu besonderen Anlässen, und es gibt sie in großer Auswahl und für jeden Geldbeutel. Als Menarche-Geschenk besonders geeignet ist eine Armbanduhr oder eine größere Uhr für die Zimmerwand, auf deren Zifferblatt auch die Mondphasen ablesbar sind. Handwerklich geschickte Eltern können eine solche batteriebetriebene Maxi-Uhr eventuell auch selbst anfertigen.

Armbanduhren dieser Art gibt es in vielerlei Formen, Far-

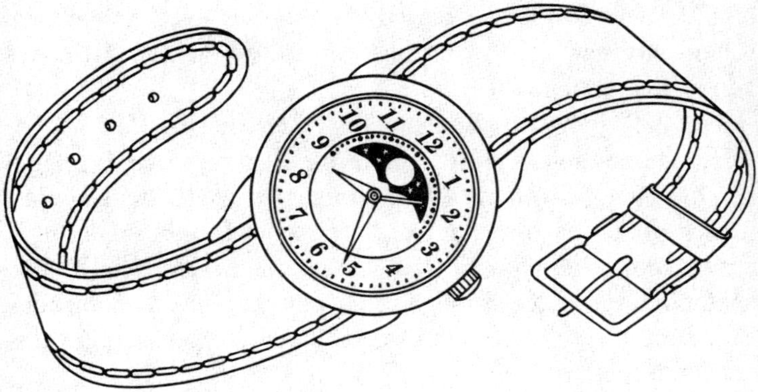

ben, Größen und Ausstattungen. Die eingebaute Mini-Batterie hält ca. ein Jahr und muß dann ausgewechselt werden. Achten Sie beim Kauf darauf, daß nicht nur die Uhrzeit, sondern auch die jeweilige Mondphase korrekt eingestellt ist; vergewissern Sie sich notfalls anhand eines Mondkalenders (in vielen Taschenkalendern enthalten; siehe auch ab S. 145). Lesen Sie die Gebrauchsanweisung der Uhr sorgfältig durch: Manche von ihnen dürfen keinesfalls nachts, also nach 22 Uhr und vor 6 Uhr morgens, neu eingestellt werden, sonst wird der Mechanismus beschädigt.

Mit einer solchen Monduhr bekommt Ihre Tochter im Lauf der Zeit ein gutes Gespür dafür, wann der Mond in welche Phase wechselt – vor allem, wenn Sie mit ihr zusammen oft den Mond am nächtlichen Himmel betrachten. Falls sie besonderes Interesse für den Erdtrabanten und das Sternenzelt zeigt, lohnt sich auch der Gang ins nächstgelegene Planetarium – zum Beispiel anläßlich des Menarche-Festes! –, vielleicht sogar die Anschaffung eines kleinen, aber guten Teleskops, mit dem Sie den Nachthimmel gemeinsam beobachten können. Die Schönheit des vollen Mondes »von nahem« zu sehen oder gar eine Mondfinsternis zu betrachten, ist etwas ganz Unvergleichliches.

Der natürliche Rhythmus, den sie bei einer solchen Mondschau kennen und respektieren lernt, hilft ihr, auch ihre eigenen biologischen Rhythmen, vor allem den des Monatszyklus, besser einzuschätzen und eine Art inneres Zeitgefühl dafür zu entwickeln. Das kann ihr äußerst nützlich sein – und auch später helfen, falls sie sich z. B. einmal für die natürliche Empfängnisverhütung interessiert, die sich ja an den Zyklusphasen orientiert.

Naturwissenschaftlich gesehen, gibt es sehr viel Interessantes über die Zusammenhänge zwischen Meer, Mond und Menses zu berichten. Die nächsten beiden Abschnitte enthalten einiges Wissenswerte, das Sie Ihrer Tochter – altersgemäß aufbereitet – beispielsweise bei einem Mondspaziergang erzählen können.

Meer und Gezeiten

Entwicklungsgeschichtlich läßt sich unsere Herkunft bis zum einfachsten Meeresgetier hin zurückverfolgen. Sie ist auch daran ablesbar, daß Wasser nach wie vor unser Lebenselixier ist: Der menschliche Körper besteht, je nach Körperbau und Ernährungszustand (bei Frauen außerdem: je nach Zyklusphase) zu 60 bis 70 Prozent aus diesem Element. Unter einen bestimmten Prozentsatz darf der Wasseranteil in unseren Geweben niemals absinken, sonst verdursten wir.

Wie alle Gewässer der Erde, vor allem die Weltmeere, große Seen und die darin mündenden Flüsse, wird auch das Wasser in uns vom Mond in seinen Bann gezogen. *Gezeiten* (niederdeutsch: Tiden) nennen wir das periodische Steigen und Fallen des Wasserspiegels, das von der Anziehungskraft des Mondes abhängt. Vereinfacht gesagt, wirkt auf diejenige Seite der Erde, die zu einem bestimmten Zeitpunkt des Tages gerade dem Mond zugewandt ist, verstärkt die Mond-Anziehungskraft ein. Sie bewirkt, daß der Wasserspiegel dem Mond entgegensteigt (der Höchststand heißt *Zenitflut*). Sobald sich die Erde weitergedreht hat und sich die jeweilige Wasserfläche auf der mondabgewandten Seite befindet, herrscht Ebbe.

Auch die Sonne übt eine gewisse Anziehungskraft auf die Erde und damit auf die Gewässer aus; da sie aber viel weiter entfernt ist als der Mond, zieht sie die Wasser auch nur halb so stark an. Bei Vollmond sowie bei Neumond addieren sich die Anziehungskräfte von Mond und Sonne, weil beide Himmelskörper dann in einer (gedachten) Linie im Weltraum stehen – bei Neumond mit der Erde genau in ihrer Mitte, so daß der Erdschatten den Mond schwarz erscheinen läßt. Dann kann es zu einer der gefürchteten, sehr starken *Springfluten* kommen. Bei zu- oder abnehmendem Halbmond hingegen heben die Kräfte von Mond und Sonne sich teilweise gegenseitig auf; es entsteht eine sanfte *Nippflut.* Wie groß der *Tidenhub* – der Unterschied zwischen Flut und Ebbe – jeweils wird, ist je nach Mondanziehung und Ort auf der Erde ganz verschieden. Extreme Werte von 12 bis 14 Metern werden z. B. in der Bucht von St. Malo und im Bristol-Kanal erreicht.

Ebbe und Flut gibt es auch im menschlichen Körper. Der weibliche, der im Vergleich zum Männerkörper im Durchschnitt (außer bei Leistungssportlerinnen) mehr gut abpolsternde Fettzellen und mehr Bindegewebsstrukturen enthält, ist auch reicher an Wasserreservoirs – ein Grund, weshalb Frauen einerseits etwas länger ohne Wasser auskommen können als Männer, andererseits aber auch häufiger unter vermehrten und störenden Wassereinlagerungen in ihren dafür aufnahmefähigeren Geweben zu leiden haben. Auch die Anziehungskraft des Mondes macht sich bei Frauen deshalb im allgemeinen stärker bemerkbar als bei Männern. Im normalen Alltag, von einem Tidenhub zum nächsten, merken wir nur selten etwas von diesem feinen Heben und Senken in uns. Doch zu Vollmond und oft auch zu Neumond spüren wir die Veränderung, die in uns vorgeht, und das nicht nur rein körperlich. Auch unser Gemüt reagiert auf diese Gezeiten; wir sind vielleicht empfindlicher, melancholischer, euphorischer, unruhiger, gereizter oder überschäumend aktiver als sonst.

Frauen, die zu Voll- oder zu Neumond regelmäßig ihre Periode haben, erfahren diese zyklischen Veränderungen oft ganz besonders stark. Da wir inzwischen viel über Hormone und das ›Wechselbad der Gefühle‹[5)] gehört und gelesen haben, das diese Botenstoffe angeblich ständig in uns auslösen, sind wir geneigt, dieses Auf und Ab sowie die (angenehmen und unangenehmen) Extreme ausschließlich dem jeweils wechselnden Hormonhaushalt zuzuschreiben. Wir vergessen darüber, daß es vor allem der Einfluß des Mondes ist, der die Gezeiten in uns bewirkt.

> In der Pubertät schwanken die Gefühle oft sehr stark, von »himmelhochjauchzend« in der einen Minute bis »zu Tode betrübt« in der nächsten. Es kann Ihrer Tochter helfen, wenn sie wenigstens einen Teil davon als kosmischen Einfluß verstehen lernt – eine natürliche Schwankung, die das weibliche Geschlecht körperlich wie geistig-seelisch auch besonders flexibel macht. Nicht umsonst wurden Frauen von Dichtern aller Völker schon immer als sensibel, aufnahmefähig, gefühlvoll besungen, ja geradezu mit einem siebten Sinn für außergewöhnliche Wahrnehmungen begabt (und manchmal darum beneidet). Sobald »die Säfte steigen«, wie es in der altgriechischen Medizin bis hinein

ins 18. Jahrhundert hieß, und der Mond seine unwiderstehlichen Anziehungskräfte ausübt, scheinen sich diese spezifisch weiblichen Talente besonders stark auszuprägen. Manche Frauen entwickeln in solchen Zeiten geradezu hellseherische, magische Fähigkeiten, auch beim Heilen. Doch da wir in einem sehr »rationalen« Zeitalter leben, das Computern mehr Urteilskraft zutraut als menschlicher Erfahrung, wird solche Feinfühligkeit, vor allem von Männern, oft als irrational abgetan. Ihre Tochter sollte erfahren, daß sie das keineswegs ist.

Mond und Menses

Zwischen Mond und Menstruation, auch Menses genannt, gibt es sehr viele Zusammenhänge (einige davon habe ich im 3. Kapitel beschrieben), die großenteils auch wissenschaftlich schon gut erforscht sind. So fanden beispielsweise der Schweizer Gynäkologe Dr. Rudi F. Vollmann und seine Frau Emmi Vollmann in den sechziger Jahren heraus, daß Frauen mit besonders gut ausgeprägter Fruchtbarkeit und einem wohlfunktionierenden Zyklus ziemlich regelmäßig im Rhythmus von 29,5 Tagen (plus/minus 3 Tage) menstruieren. Das entspricht genau der Dauer eines Lunarmonats: Auch der Mond umkreist in 29,5 Tagen einmal die Erde.

Ein Lunartag ist länger als unser gewohnter, nach dem Stand der Erde zur Sonne berechneter Tag: Er dauert 24,87 Stunden. In ihrem Buch ›Rhythmus der Liebe‹[6)] beschreibt die Biologin Dr. Winnifred B. Cutler, welche vielfältigen Einflüsse Lunarmonat und Lunartag auf die Natur haben: Bei einer ganzen Reihe von Tieren stimmt der Fruchtbarkeitszyklus auf bemerkenswerte Weise mit diesen Zyklen überein, von Meerestieren (z. B. Krabben) bis zu unseren entwicklungsgeschichtlich nächsten Verwandten, den Affen. Menschen, die einige Monate vom Sonnenlicht abgeschirmt in unterirdischen Versuchswohnungen oder Höhlen leben und keine Uhren bei sich tragen, beginnen sich in ihrem Zeitgefühl sehr oft – und ganz unbewußt – nach dem Lunartag zu richten: Sie stellen ihren »Normaltag« samt Schlaf- und Wachphasen auf knapp 25 Stunden um. Viele Pflanzen brauchen, wie aus der Botanik bekannt ist, das Mondlicht zum richtigen Wachstum; manche richten ihre Blühzeiten und Samenkapselbildung genau nach den Mondphasen, selbst wenn sie in beleuchteten Gewächshäusern vom Mondlicht abgeschottet sind. Und aus der traditionellen Kräutermedizin und Ackerbaukunde vieler Völker wissen wir, daß bestimmte Heilpflanzen wie auch Obstbäume, Getreidesorten usw. am besten während ganz bestimmter Mondphasen eingesät bzw. gepflanzt und abgeerntet werden sollten, damit sie die besten Erträge und den größtmöglichen Heilnutzen bringen – ein uraltes Erfahrungswissen, das beispielsweise die österreichische Bergbauerntochter Johanna Paungger in ihrem Buch ›Vom richtigen Zeitpunkt‹[7] zusammengetragen hat.

Die Wissenschaftlerin Dr. Cutler war die erste, die das Kunststück fertigbrachte, den in Mythen und Geschichten immer wieder erwähnten Zusammenhang zwischen dem weiblichen Zyklus und den Mondphasen in eine wissenschaftlich abgesicherte Form zu bringen. Das war keineswegs einfach, denn: »Immer wieder in der Geschichte der Wissenschaft hatten sich Forscher darangemacht, diese Zusammenhänge zu untersuchen, von deren Vorhandensein sie eigentlich auch überzeugt waren. Und all diese Wissenschaftler waren männlichen Geschlechts. Doch ein jeder von ihnen war nach sorgfältiger Analyse der von ihm gesammelten Daten zu dem Schluß gelangt, daß zwischen den natürlichen zeitlichen Abläufen weiblicher Zyklen und den Zyklen des Mondes wohl doch keine nachweisbare Übereinstimmung bestehe«, schreibt sie in ›Rhythmus der Liebe‹[6].

Dr. Cutler ließ sich davon nicht entmutigen: Sie nahm einfach an, die bisher verwendeten Nachweismethoden hätten nichts getaugt, und machte sich daran, ganz neuartige zu entwickeln. Mit Hilfe komplizierter Statistik und einem *kreisförmigen* Mondkalender (siehe dazu ab S. 145) gelang es ihr schließlich, folgendes eindeutig nachzuweisen: Frauen mit einem 29,5 Tage dauernden Menstruationszyklus, der für besonders gute Fruchtbarkeit spricht, haben ihre Blutung dreimal so oft in den »hellen« Phasen des Mondes – also um den Vollmond herum – wie in den »dunklen« Phasen, um den Neumond herum.

Die Vollmondphase als wichtigste Menstruationszeit heutiger Frauen? Dieser Befund widerspricht allem, was andere Forscherinnen bislang über die Zyklus-Rhythmen früherer Zeiten herausgefunden haben: nämlich daß Frauen sehr wahrscheinlich überwiegend zu Neumond ihre Periode hatten und dann gemeinsam Menstruations-Rituale abhielten. Doch könnte es für diesen Widerspruch eine Erklärung geben. Sie hängt mit dem Licht des Mondes und der nächtlichen Dunkelheit zusammen.

Wenn es dunkel wird, werden wir müde und legen uns bald zum Schlafen nieder. Je weniger Licht nämlich durch die Augen ins Gehirn dringt, desto aktiver wird eine kleine Drüse in unserem Hinterkopf, die sogenannte Zirbeldrüse (medizinisch: Epiphyse). Sie schüttet dann vermehrt ein Hormon aus, das Melatonin. Es wird auch »Schlafhormon« genannt, weil es Müdigkeit und Schlafbedürfnis hervorruft. Tagsüber sinkt diese Hormonproduktion auf einen Bruchteil des nächtlichen Wertes ab.

Interessanterweise fand man in den Eierstöcken von Frauen etwa vier- bis fünfmal mehr Melatonin als in anderen Organen des menschlichen Körpers. Offenbar hat das Hormon dort besondere Aufgaben zu erfüllen – welche, weiß die Wissenschaft noch nicht genau. Der Verdacht liegt jedoch sehr nahe, daß das Melatonin auch etwas mit dem Monatszyklus und den in den Eierstöcken produzierten Keimdrüsenhormonen zu tun hat.

In früheren Zeiten, als weder Straßenbeleuchtungen noch Neonreklamen die Ansiedlungen der Menschen die ganze Nacht hindurch erleuchteten, war der Unterschied zwischen Tageshelligkeit und nächtlichem Dunkel noch viel stärker zu spüren. In den »dunklen Phasen« des Mondes blieb sogar das bißchen Licht, das der Mond sonst des Nachts spendete, aus. Es darf angenommen werden, daß die Zirbeldrüsen der Frauen dann besonders viel Melatonin bildeten, das mit dem Blutkreislauf zu den Eierstöcken gelangte – und auch dort für »Schlafenszeit« sorgte: In der zweiten Zyklusphase nämlich, nach dem Eisprung, nimmt die Östrogenproduktion der Eierstöcke erheblich ab. Die kleinen Organe beruhigen sich sozusagen. (Dazu paßt, daß viele Frauen auch heute noch gerade in der zweiten, prämenstruellen Zyklusphase größere Müdigkeit verspüren als sonst und ein besonderes Bedürfnis nach Rückzug haben.) Schließlich wird der Gebärmutterschleimhaut das Signal zum Abbau gegeben (siehe hierzu S. 50), und die Menstruation setzt ein.

In früheren Zeiten passierte das offenbar um den Neumond herum. Heute jedoch leben die wenigsten Europäerinnen und Amerikanerinnen, an denen Dr. Cutler ihre Studien vornahm, noch abgeschieden von nächtlicher Straßenbeleuchtung auf dem Lande. Die meisten wohnen in Städten, in denen »die Nacht zum Tag« gemacht wird – und das Mondlicht mit seinen viel blasseren Strahlen kaum noch seinen feinabgestimmten Einfluß auszuüben vermag. Viele Frauen arbeiten und leben darüber hinaus in Räumen, die auch abends taghell erleuchtet sind, und/oder versuchen, sich in völlig abgedun-

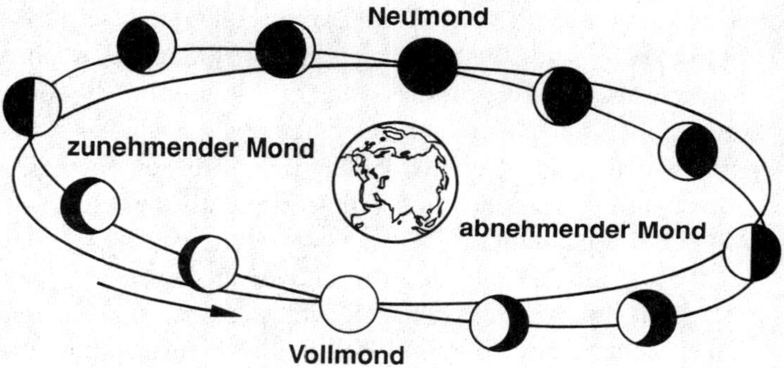

kelten Schlafräumen von den Streßreizen der Umweltbeleuchtung abzuschirmen. Auch das Mondlicht dringt dann nicht mehr zu ihren Fenstern herein.

Da ihr Zyklus, wie die Statistiken deutlich zeigen, aber dennoch vom Mondumlauf bestimmt wird, und der Einfluß des Mondes sich seit jeher am allerstärksten bemerkbar macht, wenn Vollmond ist – denken wir nur an »Mondsüchtige«, die dann gar nicht einschlafen können oder nachts schlafwandeln, oder an Babies, die weltweit bevorzugt in Vollmondnächten zur Welt kommen –, liegt es nahe anzunehmen, daß sich der Menstruationszeitpunkt im Lauf der letzten Jahrhunderte im Durchschnitt wohl einfach verschoben hat: von der Schwarzmond- zur Vollmondphase.

Licht zum Regeln der Regel

Mit einem kleinen Licht-Trick gelingt es vielen Frauen, die einen sehr unregelmäßigen Monatszyklus haben, ihre Regel zu regeln: Sie dunkeln einige Monate lang ihr Schlafzimmer vollkommen ab und lassen nur einmal im Monat drei Nächte lang eine schwache Birne neben ihrem

Bett brennen; eine Sechs-Watt-Lampe genügt. Dieses Licht wirkt dann, wie sonst das Licht des Vollmonds, auf ihre Zirbeldrüse, die daraufhin weniger Melatonin als sonst ausschüttet. Nach einigen Monaten kann sich der Hormonhaushalt auf diese winzigen Reize, die einen neuen Biorhythmus vorgeben, umstellen: Wenn alles gutgeht (also keine ernsthafteren Hormonstörungen vorliegen), pendelt sich alles so ein, daß die Frauen in diesen »hellen« Nächten ihren Eisprung haben und vierzehn Tage später, entsprechend der Neumond-Phase, ihre Menstruation einsetzt.

Immer zu Neumond zu menstruieren, klappt jedoch nur, wenn fortan nicht wieder nächtliche Beleuchtung wortwörtlich dazwischenfunkt. In diesem Fall kann es passieren, daß die Regel sich allmählich erneut verschiebt, bis sie eben doch wieder um den Vollmond herum auftritt. Dann ist es am besten, diese Ordnung zu akzeptieren und sich gegebenenfalls auf ein bißchen »Mondsüchtigkeit« einzustellen.

Je mehr Ihre Tochter über Mond, Meer und Menses erfährt, desto deutlicher wird ihr wahrscheinlich mit der Zeit, daß sie Teil eines unendlich Großen, Ganzen ist – Teil eines kosmischen Wunders, das rhythmisch pulsiert und seine Wellenbewegungen bis in ihren eigenen Körper schickt. Eine solche Gewißheit kann sie stark machen und ihr so manche ungeahnten Kräfte verleihen, wenn sie sie am nötigsten braucht. Die Monduhr, die Sie ihr zur Menarche schenken, kann diesen Reifungsprozeß voranbringen und begleiten.

Der Mondkalender

Viele Frauen haben schon einmal einen Zykluskalender geführt – beispielsweise um herauszubekommen, ob bestimmte allmonatliche Beschwerden wie Brustspannen, Gereiztheit, Müdigkeit oder Wassereinlagerungen wirklich regelmäßig prämenstruell auftreten, sie also an dem sogenannten Prämenstruellen Syndrom leiden (Genaueres dazu finden Sie z. B. in meinem Buch ›Die kritischen Tage davor‹[8]), oder ob sie in jedem Zyklus auch einen Eisprung haben, was für ihre Empfängnis- bzw. Verhütungschancen sehr wichtig ist. Die meisten dieser Zykluskalender, die in der gynäkologischen Praxis oder in Apotheken erhältlich sind, haben jedoch einen entscheidenden Nachteil: Die Mondphasen sind meist nicht darin verzeichnet. Ein zweiter Nachteil ist: Die Kalender sind *linear* zu führen, das heißt, Sie können darin Kurven einzeichnen, die als auf- und absteigende oder gerade Linien vom Anfang eines Zyklus (1. Menstruationstag) bis zu seinem Ende laufen. Die Tatsache aber, daß es sich wirklich um einen *Zyklus,* also um ein immer wiederkehrendes, nicht nur in Wellen-, sondern in *Kreis*bewegungen ablaufendes Geschehen handelt, wird daraus nicht ersichtlich. Und was wir nicht unmittelbar vor Augen geführt bekommen, dazu entwickeln wir meist auch kein so tiefes Gefühl.

Dr. Winnifred B. Cutler entdeckte die wissenschaftlichen Beweise für den Zusammenhang zwischen Mond und Menses nur deshalb, weil sie sich dieses Mankos in früheren Aufzeichnungsversuchen bewußt war und eine bestimmte Kreisform für ihre Mondkalender wählte. Ein Mondkalender, den Sie ihrer Tochter zur Menarche schenken, sollte daher am besten ebenfalls rund sein – ein Kreis für jeden Monat. Und wenn Sie nach den alten kalendarischen Berechnungen vorgehen wollen, die ich ab Seite 76 dargestellt habe, müssen Sie 13 und nicht 12 Monate pro Jahr einplanen, denn das Lunarjahr hat 13 Lunarmonate, plus einen Extratag.

Einen solchen Kalender werden Sie sehr wahrscheinlich selbst anfertigen müssen, denn im üblichen Kalenderangebot dürfte er schwer zu finden sein. Käuflich zu erwerben sind allerdings spezielle Mond-Kalender mit Geschichten und Mondweisheiten (sie richten sich nach dem gewohnten Kalenderjahr) oder Bücher mit Mondkalendern und -tabellen, die jedes Jahr aktualisiert werden.

Einen ganz besonderen, kreisförmigen Zykluskalender als Menarchegeschenk für Ihre Tochter – und auch für sich selbst – können Sie folgendermaßen anfertigen:

Besorgen Sie sich einige Bogen dickeren, weißen oder hellen Papiers, auf dem sich gut schreiben läßt, und ziehen Sie darauf mit dem Zirkel oder einem kreisrunden Gegenstand 12 (bei Verwendung des Lunarjahrs: 13) gleich große Kreise. Sie sollten mindestens einen Durchmesser von 30 cm haben, wenn möglich, noch größer, damit sie sich später leicht beschriften lassen.

Falls Sie das Lunarjahr als Grundlage nehmen, steht jeder Kreis für einen Lunarmonat. Teilen Sie jeden dieser Lunarkreise nun in vier gleiche Viertel (Teilungslinien jedoch *nicht* einzeichnen!), die Sie am Rand markieren. Oben vermerken Sie als kleinen hellen Kreis den Vollmond, rechts den abnehmenden Mond, unten den Schwarzmond und links den zunehmenden Mond.

Wer den normalen Kalendermonat zugrundelegt, muß in einem Kalender, der auch die Mondphasen verzeichnet, die einzelnen Voll-, Halb- und Neumondphasen nachschlagen und auf jedem Kreis einzeln verzeichnen, nachdem die Tagesdaten eingetragen wurden (siehe unten). Jeder der zwölf Kreise entspricht bei diesem Mondkalender einem »Normalmonat«.

Nun wird es etwas schwieriger: Teilen Sie jeden einzelnen Kreis in so viele »Tortenstücke« ein, wie der jeweilige Monat Tage hat (bei Anwendung des Lunarjahrs: in 29 ungefähr gleich große Abschnitte und einen halb so großen, wobei sich insgesamt die 29,5 Tage des Lunarmonats ergeben). Im Januar-Kreis des üblichen Kalenderjahrs sind das 31 Abschnitte, im Februar-Kreis 28 (bei Schaltjahren: 29), im März-Kreis 31, im April-Kreis 30, und so weiter. Jeder Abschnitt steht für einen Tag im Monat. Je größer Sie die Kreise angelegt haben,

Lunarmonat

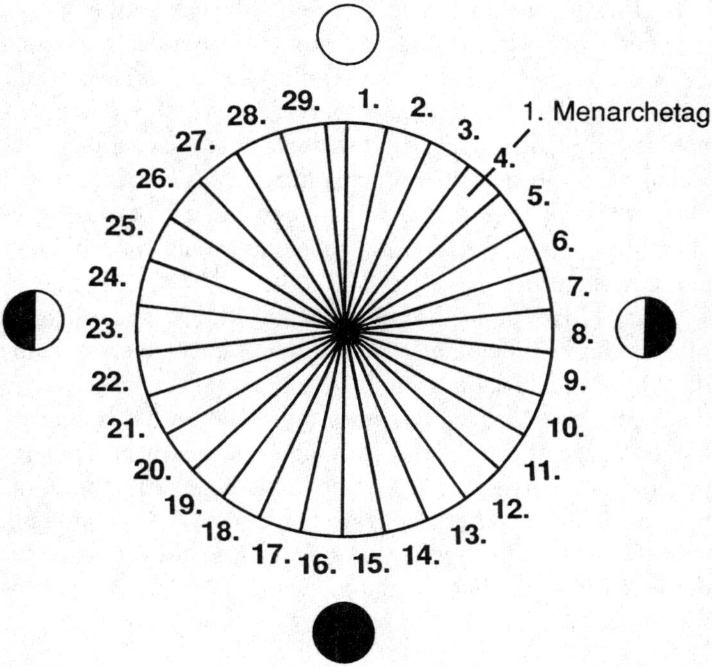

desto mehr Platz ist in jedem Abschnitt, um etwas hineinzumalen oder zu schreiben. – Am besten üben Sie erst einmal anhand eines Probekreises, wie Sie die Abschnitte einzeichnen müssen. Wer einen Computer mit Grafik-Programm besitzt, kann sich die gewünschten Kreise natürlich auch damit erstellen.

Nehmen Sie nun einen Kalender zur Hand, in dem auch die Mondphasen vermerkt sind, und tragen Sie entlang des Kreises in jeden Abschnitt die Tagesdaten für den ganzen jeweiligen Monat ein. Beginnen Sie jeweils beim *Datum des Vollmonds!* Beim üblichen Kalendermonat ergeben sich in einem Kreis manchmal *zwei* Vollmonddaten (Beispiel: Im Juli 1996 ist am 1. des Monats und dann wieder am 30. Juli der Mond voll.) Ein Lunarmonat-Kalender weist für jeden Kreis hingegen nur einen Vollmondtermin auf. Zum Schluß schneiden Sie die 12 bzw. 13 Kreise des Zykluskalenders, der ein Jahr gültig ist, sorgfältig aus und bohren durch alle Kreismittelpunkte ein kleines Loch. Dort heften Sie die Kreise dann der Reihe nach mit einer Umschlagklammer zusammen, die auf der einen Seite einen Knopf, auf der anderen zwei »Beinchen« hat. Der Kreis für den Menarche-Monat Ihrer Tochter sollte obenauf liegen.

Jeden Monat kann Ihre Tochter nun das oberste Blatt für ihre Zyklusaufzeichnungen (siehe unten) benutzen. Am Ende des Monats löst sie die Klammer, hebt die Kreise heraus, legt den beendeten Monatskreis nach unten, heftet die Kalenderblätter wieder zusammen – und kann nun den nächsten Monatskreis beschriften. Nach einem Jahr liegt der erste Kreis wieder obenauf. Vergleiche zwischen einem Zyklus und dem nächsten anzustellen, wird auf diese Weise ganz einfach: Auf den Kreisen sind Übereinstimmungen und Abweichungen sofort ersichtlich.

Falls Ihre Tochter diese ganz persönlichen Zykluskalender über Jahre sammelt, hat sie damit einen wunderbaren Schatz, an dem sich viele wichtige Zyklus-Ereignisse und Daten ihres Frauenlebens ablesen lassen – eine Datensammlung, um die sie manche forschend tätigen Gynäkologinnen und Gynäkologen beneiden werden und die ihr bei vielen medizinischen Fragen zu Fruchtbarkeit, Verhütung, Schwangerschaft, Entbindung usw. sehr nützlich sein kann.

Der Tag, an dem Ihre Tochter ihre Menarche hat, sollte als rotumrandetes »Tortenstück« im Mondkalender markiert werden. Die weiteren Blutungstage werden dann nur am Rand rot markiert oder mit einem roten Punkt versehen. Zeigen Sie Ihrer Tochter außerdem noch einige Symbole, die sie zur Eintragung ihrer individuellen Besonderheiten benutzen kann, zum Beispiel:

☾ Einen gelben Punkt für den Tag etwa in der Zyklusmitte, an dem sie vielleicht ein leichtes Ziehen oder einen Stich im Unterleib verspürt: Das ist der sogenannte *Mittelschmerz* beim Eisprung. Manche Mädchen bemerken ihn gleich bei den ersten Malen; manche müssen erst ein Gespür dafür entwickeln. Bei anderen verläuft der Eisprung praktisch unmerklich, so daß sie keinerlei Symptom dafür verspüren, selbst als Erwachsene nicht.

☾ Ein grünes Kreuzchen für Tage, an denen es ihr besonders gut geht und sie sich rundum wohlfühlt.

☾ Ein schwarzer Punkt für Tage, an denen sie schlecht gelaunt, kränklich oder besonders nervös ist.

☾ Ein orangefarbenes F für Fiebertage (Fieber kann u. U. den Zyklus durcheinanderbringen).

☾ Ein blaues Zeichen für bestimmte Symptome (ob als »Beschwerden« klassifizierbar oder nicht), die mit der nahenden oder schon begonnenen Menstruation zusammenhängen. Oder sie setzt, wie das in normalen Zykluskalendern meist vorgeschlagen wird, ein K für Kreuzweh, ein B für Brustschmerzen, ein M für Migräne, usw.

Vermerken kann Ihre Tochter auch Tage, an denen sie besonders unter Streß steht, z. B. wegen einer Schularbeit, oder ein besonders aufregendes Erlebnis hatte: Seelisches Auf und Ab beeinflußt auch den Zyklus, und Veränderungen – etwa eine früher oder später als erwartet einsetzende Menstruation – sind oft darauf zurückzuführen. Das gleiche gilt für Urlaubsreisen, Klimaveränderungen, Erkrankungen usw. Es hilft, so etwas am Kalender nachträglich ablesen zu können.

Achten Sie jedoch darauf, daß nicht nur *negative,* sondern auch möglichst viele *positive* Dinge in diesem Mondkalender vermerkt werden! Er soll ja nicht zum »Beschwerdekalender« ausarten, sondern Ihre Tochter vor allem besser mit ihrem gesamten Zyklusgeschehen vertraut machen, dem ganz natürlichen Auf und Ab der Gefühle, des Körpers, der geistigen Verfassung, die vom Zyklus mitbestimmt werden. Und natürlich hat Ihre Tochter das letzte Wort dazu, welche Dinge sie in diesem Kalender aufzeichnen will und welche nicht. Manche ihrer Befindlichkeiten vertraut sie vielleicht lieber nur ihrem ganz privaten Tagebuch an, das auch die Mutter, Schwester oder Freundin nie zu Gesicht bekommt.

Überfordern Sie Ihre Tochter nicht, indem Sie aus dem Mondkalender eine (weitere) »Schulaufgabe« machen! Der Kalender soll stets nur ein Anreiz zur Zyklusbeobachtung, nie aber ein stressiges Muß sein. Je mehr Spaß sie beim Ausfüllen hat, desto besser.

Der Mondschal

Zu besonderen Festtagen ein neues Kleidungsstück zu bekommen, hat eine lange Tradition. Auch die Menarche Ihrer Tochter kann ein Anlaß sein, ihr einen langgehegten Wunsch zu erfüllen: die Markenjeans oder Lederjacke zum Beispiel, mit der sie Ihnen schon seit Monaten in den Ohren liegt (und Weihnachten oder Geburtstag sind noch so weit entfernt!).

Ein Geschenk, das sie immer an ihre erste Menstruation erinnert, ist so etwas allerdings nicht. Diesen Anspruch kann nur ein Kleidungsstück erfüllen, das etwas mit diesem besonderen Tag zu tun hat. Ein Tuch oder Schal in roter Farbe – der Farbe der Freude (siehe 6. Kapitel) und des »Tropfens, aus dem die Welt entstand« –, vielleicht noch mit Frauen-Symbolen oder einem Mondbaum geschmückt, ist ein solches spezielles Geschenk. Wie es im einzelnen aussieht, bleibt ganz Ihrer Phantasie und Ihrem Geschick im Nähen, Weben, Seidebemalen, Batiken etc. überlassen. Verkleidet sich Ihre Tochter gern, spielt sie Theater, hat sie Spaß daran, sich wie eine Inderin in einen Sari zu hüllen, sich wie eine Sinti oder Roma Tücher um die Schultern zu schlingen oder nach Art der Araberinnen einen wallenden Schal um den Kopf zu tragen? Dann ist ein großes Tuch aus einem besonders schönen Stoff das beste. Es kann, wenn es nicht getragen wird, auch als Wandschmuck in ihrem Zimmer dienen. Manche Mädchen lieben hingegen Halstücher oder schmale Flatterschals, mit denen sie sich je nach Lust, Laune und Mädchenmode ausstaffieren. Da solche Schals leicht verlorengehen können, wäre es das beste, Sie hielten noch einen oder zwei davon in Reserve.

Tücher nehmen mit der Zeit einen Hauch des Duftes ihrer Besitzerin an – und füllen sich, wenn sie öfter getragen werden, auch mit einer Ahnung ihres Wesens, wie alles, was wir oft und gern am Körper tragen. Der Mondschal zur Menarche gehört nur Ihrer Tochter allein; für andere sollte er tabu sein. Jüngere Schwestern müssen warten, bis sie selbst einen Mondschal bekommen; älteren, deren Menarche nicht besonders gefeiert wurde, können Sie nachträglich auch einen schenken (mit eigenen Symbolen darauf).

Eine ganz andere Möglichkeit, Ihrer Tochter etwas Besonderes zur Menarche zu schenken, sind **rote Dessous:** ein knallroter Body, vielleicht sogar spitzenverziert, ein roter BH, ein rotes Spitzenunterhemd oder -höschen. Sie runzeln die Stirn und finden diesen Vorschlag völlig abwegig? In Italien wird dieser Brauch seit langem praktiziert – wenn auch nicht zur ersten Menstruation eines Mädchens, sondern ganz allgemein zum Jahreswechsel. Schon lange vor Weihnachten füllen sich die Schaufenster der Wäschegeschäfte mit bezaubernden Hemdchen, Korseletts, Büstenhaltern, Bodies, ja auch Slips und Shorts für Männer, die sämtlich in kräftigem Rot leuchten. Sie werden zum Weihnachtsfest verschenkt und in der Silvesternacht dann zum ersten Mal getragen: als Glücksbringer und uraltes Symbol der Fruchtbarkeit. Heranwachsende Mädchen bekommen sie ebenso wie junge Ehefrauen, Mütter oder gestandene Großmütter mit mehreren Enkelkindern (die manchmal lächelnd abwehren, über »dieses Alter« seien sie jetzt aber wirklich hinaus).

Sollte Ihre Tochter also kein »kleines Mädchen« mehr sein, wenn sie zum ersten Mal menstruiert, sondern schon etwas älter und erwachsener, wird sie vielleicht gerade von einem solchen Geschenk, das auch ihrer heranreifenden Erotik Tribut zollt, begeistert sein. Rote Bodies oder Slips sind zudem praktischer als weiße, wenn sie ihre Periode hat. Gehen einmal ein paar Tropfen Blut daneben, sind sie leicht in kaltem Wasser herauszuwaschen, ohne daß eine Verfärbung bleibt.

Das Mondlied

Dichterinnen und Dichter werden von Frau Luna seit jeher zu den schönsten Versen inspiriert, und viele Lieder sind ihr zu Ehren entstanden. Eines der in unserem Sprachraum bekanntesten, das Abendlied »Der Mond ist aufgegangen«, entstammt der Feder des deutschen Dichters Matthias Claudius, den der Erdtrabant im letzten Jahrhundert zu philosophischen Betrachtungen unserer Weltsicht anregte: »Seht ihr den Mond dort stehen? Er ist nur halb zu sehen und ist doch rund und schön. So sind wohl manche Sachen, die wir getrost belachen, weil unsre Augen sie nicht sehn«, heißt es im zweiten Vers. Das läßt sich sehr gut auf das Zyklusgeschehen übertragen: Äußerlich wahrzunehmen ist davon wenig; nur das Blut bei der Menstruation ist ein sicheres Zeichen der zyklischen Vorgänge. Im Inneren des weiblichen Körpers jedoch spielt sich den ganzen Monat hindurch ein Prozeß ab, der als Ganzes so »rund und schön« ist wie der volle Mond. Aber weil »unsere Augen ihn nicht sehen«, bemerken wir nur das Blut, das wir dann oftmals belachen und lächerlich machen. Kein Zeichen von Klugheit, wie der Dichter uns mit Recht vor Augen führt.

Mondlieder und -gedichte gibt es in allen Sprachen und Kulturen. Auf die besondere Bedeutung, die der Mond für den Zyklus der Frauen hat, wird dabei allerdings nur selten eingegangen – es sei denn in Texten der neueren Frauenbewegung. Ein Frauen-Kanon aus den USA beispielsweise lautet: »Under the full moon light we dance/ Spirits dance, we dance/ Joining hands we dance/ Joining souls rejoice.« (Auf deutsch etwa: »Im Licht des Vollmonds tanzen wir/ Geister tanzen, und auch wir/ Hand in Hand tanzen wir/ unsere Seelen begegnen sich freudeerfüllt.«) Frauen singen solche neuen, an alte weibliche Traditionen anknüpfenden Lieder bei gemeinsamen Festen, bei Menstruationsritualen und Mondtänzen, bei denen sie ihre Verbundenheit miteinander und mit der Natur und ihren Rhythmen feiern. Viele Anregungen zu solchen Tänzen, Gesängen, Meditationen und Imaginationen zu Mond und Zyklus gibt auch die Lübecker Meditationslehrerin Elisabeth Hämmerling in ihrem Buch ›Mondgöttin Inanna. Ein weiblicher Weg zur Ganzheit‹[9].

Falls Ihre Tochter sich für Musik oder Literatur interessiert, können Sie ihr ein besonderes Menarche-Geschenk machen, indem Sie solche Lieder oder Gedichte sammeln und zu einem kleinen Buch zusammenstellen (das Sie auch binden lassen können). Auch hier sind Ihrer Phantasie – und Ihrem Geldbeutel – keine Grenzen gesetzt!

Sollten Sie Komponistin oder Liedermacherin sein, haben Sie vielleicht Lust, Ihrer Tochter ein eigenes Mondlied zu komponieren; als Dichterin können Sie ihr ein Mondgedicht oder eine Mond- bzw. Zyklusgeschichte schreiben, als Malerin oder Fotografin das Buch mit eigenen Zeichnungen, Collagen bzw. Fotos schmücken. Der nächste Vollmond schickt Ihnen sicher eine Inspiration dazu.

Genannte Literatur

1) Voß, Jutta: Das Schwarzmond-Tabu. Die kulturelle Bedeutung des weiblichen Zyklus. Kreuz Verlag, Zürich 1988.
2) Minker, Margaret: Naturheilkunde. Das Handbuch für Frauen. Verfahren, Beschwerden und Beratung von A bis Z. Deutscher Taschenbuch Verlag, München 1995.
3) Gray, Miranda: Red Moon. Understanding and Using the Gifts of the Menstrual Cycle. Element Inc., Rockport 1994.

Sappho, die im 6. Jahrhundert vor unserer Zeitrechnung in Mytilene auf der griechischen Insel Lesbos lebte, gilt als bedeutendste Dichterin der Antike. Sie schrieb Oden zu Ehren der Göttin Aphrodite, Hochzeitsgedichte und erotische Dichtungen, die sie auch der Liebe unter Frauen widmete. Manche ihrer Gedichte und Lieder, so auch das oben zitierte ›Mondlied‹, sind nur fragmentarisch erhalten.

Barbara Heller, geb. 1936 in Ludwigshafen, ist Komponistin, Pianistin und Musikpädagogin. Sie studierte Komposition bei H. Genzmer an der Staatlichen Hochschule für Musik in München, war maßgeblich am Aufbau des Internationalen Arbeitskreises Frau und Musik beteiligt und war bis 1992 Vorstandsmitglied des Instituts für Neue Musik und Musikerziehung in Darmstadt. Sapphos ›Mondlied‹ wurde von ihr für dieses Buch vertont.

4) v. Ranke-Graves, Robert: Griechische Mythologie. Quellen und Deutung. Rowohlt Verlag, Reinbek 1989.
5) Minker, Margaret: Hormone & Psyche. Frauen im Wechselbad der Gefühle. Deutscher Taschenbuch Verlag, München 1996.
6) Cutler, Winnifred B.: Rhythmus der Liebe. Die Zyklen der weiblichen und männlichen Hormone und ihr Einfluß auf eine erfüllte Sexualität. Wilhelm Heyne Verlag, München 1996.
7) Paungger, Johanna / Poppe, Thomas: Vom richtigen Zeitpunkt. Die Anwendung des Mondkalenders im täglichen Leben. Edition Irisiana, Hugendubel-Verlag, München 1995.
8) Minker, Margaret: Die kritischen Tage davor. Das prämenstruelle Syndrom (PMS). Verlag Wort & Bild, Baierbrunn, 2. erw. Aufl. 1993.
9) Hämmerling, Elisabeth: Mondgöttin Inanna. Ein weiblicher Weg zur Ganzheit. Kreuz Verlag, Zürich 1995.

6. Kapitel: Rot ist die Farbe der Freude – Wie das Menarche-Fest gefeiert werden kann

Manche Menschen sind, was das Festefeiern anbelangt, ausgesprochen erfinderisch und haben keinerlei Mühe damit, sich zum Anlaß passende Gestaltungsmöglichkeiten in rauhen Mengen auszudenken. Andere feiern zwar gern, sind jedoch stets für Anregungen und neue Ideen aufgeschlossen. Der Ratgeber-Markt hält für viele Festlichkeiten ein großes Sortiment an Büchern bereit: etwa für die ganz besondere Hochzeit, den fröhlichen Kindergeburtstag, das unvergeßliche Weihnachtsfest oder die ausgelassene Silvesterparty. Natürlich lassen sich daraus viele gute Vorschläge entnehmen, die auch das Menarche-Fest Ihrer Tochter bereichern können. In diesem Kapitel jedoch finden Sie ein paar ganz spezielle Anregungen für dieses einzigartige Ereignis.

Leider gibt es keine Statistiken und offiziellen Schätzwerte dazu, wie viele Eltern bzw. Mütter mit ihren Töchtern heute bereits diesen »Tag der Tage« in besonderer Weise begehen. Wenige sind es sicher nicht: Ein Freund von mir, der als Gynäkologe in Hamburg eine gutgehende Praxis betreibt und sich auf meine Bitte hin einmal unter seinen Patientinnen mit Töchtern im entsprechenden Alter umhörte, berichtete mir, etwas erstaunt über die für ihn »überraschend hohe Zahl«: Mehr als die Hälfte der Befragten hatten der Tochter zur Menarche ein Geschenk gemacht, eine Torte gebacken oder irgend etwas Besonderes mit ihr unternommen. Auch in Frauengruppen, die sich als feministisch verstehen, ist eine Menarche-Feier für die Töchter oder ein Geschenk zu diesem Anlaß inzwischen schon weithin üblich. Manchmal wird jedes Mädchen einzeln gefeiert, manchmal tun sich auch mehrere Mütter, deren Töchter innerhalb weniger Monate zum ersten Mal menstruierten, zu einem gemeinsamen Fest zusammen.

Ein Fest zur Menarche läßt sich nicht auf den Tag genau vorausplanen, denn wann sie eintritt, ist nicht vorhersagbar. Sie müssen ab einem bestimmten Reifegrad quasi täglich darauf gefaßt sein, und das bedeutet: rechtzeitig überlegen, was Sie unternehmen wollen und was Sie dafür brauchen. Wie das Fest gestaltet werden soll, hängt außerdem stark vom Alter des Mädchens und seinen Interessen ab: Mit elf freut es sich vielleicht noch über eine Feier, die mehr Ähnlichkeit mit einem Kindergeburtstag als mit einem Frauenfest hat. Mit 14, 15 sieht die Sache schon ganz anders aus: Das Fest muß einen »erwachsenen« Anstrich bekommen, sonst wird es wahrscheinlich naserümpfend abgelehnt.

Am besten ist es, wenn Sie Ihre Tochter schon lange vor ihrer Menarche darauf vorbereiten (können), daß Sie vorhaben, ihr zu diesem Anlaß ein Fest zu bereiten: Das steigert ihre Vorfreude – nicht nur auf die Feier, sondern *auch auf die Menarche*. Und darauf kommt es schließlich am allermeisten an! Weihen Sie auch die Freundinnen ihrer Tochter in dieses Vorhaben ein. Es wird sie neugierig machen – und vielleicht ihre Eltern ebenfalls zu einem Menarche-Fest inspirieren. Ein »Schneeball-System«, das Schule machen kann!

Manche Mädchen haben bereits viel Negatives über die Monatsblutung gehört und winden sich deshalb schon beim bloßen Gedanken, daß um ihre Menarche irgendwelcher Wirbel gemacht werden könnte. In diesem Fall sollten Sie in behutsamen Gesprächen klären, was denn tatsächlich hinter ihrer Abwehr steckt: Scham? Angst vor dem Verlust der Kindheit, vor der Blutung, vor dem Frau-Werden? Mangelhafte Aufklärung, Mißverständnisse, von anderen eingeredete Tabus? Dumme Witze über ihren Körper oder die Menstruation, die sie verletzt haben? Vieles davon läßt sich mit Ihrer verständnisvollen Hilfe sicherlich ausräumen. (Mehr zu diesem Thema auf S. 190 und im 8. Kapitel.)

Die folgenden Gestaltungsvorschläge können Sie je nach Alter Ihrer Tochter, Gästeliste (siehe dazu auch das folgende Kapitel), individuellen Vorlieben, Jahreszeit, Platz und Geldbeutel variieren. Natürlich müssen Sie nicht unbedingt genau am Tag des Ereignisses feiern – Hauptsache, das Datum wird irgendwo festgehalten. Suchen Sie gemeinsam mit Ihrer Tochter einen Tag aus, der sich gut eignet, zum Beispiel den folgenden Samstag – oder auch den Tag des nächsten Vollmonds.

Eine Mondscheinserenade

Vollmondnächte haben zu jeder Jahreszeit einen ganz besonderen Zauber, und kaum ein Tag bzw. Abend wäre besser für ein Menarche-Fest geeignet als der, an dem der Mond rund und schön am Himmel steht. (Auch der Neumond paßt natürlich gut; nur ist der Mond dann leider nicht zu sehen.) Wenn Sie zu diesem Zeitpunkt die erste Menstruation Ihrer Tochter feiern, können Sie Frau Luna als Festteilnehmerin mit einbeziehen. Zum Beispiel auf folgende Weise:

☾ Veranstalten Sie ein **Mondfest.** Soll es drinnen stattfinden, gibt es viele Möglichkeiten, Mondformen als Schmuck zu verwenden: mondförmige Lampen, Vollmonde zu Girlanden gereiht, Mondkerzen und -kärtchen als Tischschmuck, Mondbilder, die Sie aus Zeitschriften und Kalendern ausgeschnitten und zu diesem Zweck zu einer großen Wand-Collage zusammengesetzt haben, und vieles mehr. Mit großen Mondlaternen aus Papier, über Lampen gestülpt, läßt sich eine sehr stimmungsvolle Atmosphäre schaffen.

Wenn Sie einen Garten oder Hof haben, können Sie ihn mit Mondlaternen zauberhaft schmücken – die alle für ein paar Minuten gelöscht werden, wenn der Mond rund und silbern am Himmel aufsteigt. Erzählen Sie Ihrer Tochter und ihren Gästen dazu eine Geschichte, die von Mond und Menses handelt. Sie können auch einen *Mondtanz* mit ihnen machen, eventuell von Instrumenten oder Gesang begleitet. Elisabeth Hämmerling, Lehrerin für meditativen Tanz, gibt in ihrem Buch ›Mondgöttin Inanna‹[1)] viele gute Hinweise dazu, ebenso Luisa Francia in ihrem Buch ›Mond – Tanz – Magie‹[2)]. Dort stellt die Autorin auch die mythischen Frauengestalten vor, die sie mit den Voll- und Neumondphasen im Verlauf des ganzen Jahres verbindet: die freiheitsliebende *Percht* (alpenländische Koboldin) des Ersten Mondes, dem Vollmond um Allerseelen; die hilfreiche *Weiße Frau;* die lust- und machtvolle *Hexe;* die wunderschöne, wissende, Verwandlungen einleitende *Gorgo;* die stolze, unbesiegbare *Amazone;* die magische, Wünsche realisierende *Fata Morgana;* die visionäre *Sibylle;* die furchterregende, den Grat zwischen Leben und Tod bewachende *Sphinx;* die erotische, tanzende *Nymphe;* die wilde und vitale *Mänade;* die mit der Natur symbiotisch verbundene *Elfe;* die chaotische, kompromißlose *Lilith* und schließlich die Todesverkünderin *Salome* des Dreizehnten Mondes, die im Tanz alle Schleier (= Ketten, auch Bindungen) von sich wirft.

All diese Frauengestalten repräsentieren die – ungezähmten, nicht domestizierten – Kräfte, die allen Frauen grundsätzlich innewohnen, ihre geheimnisvollen und auch ihre dunklen Seiten, die sie sich vielleicht selbst nur ungern eingestehen oder vor denen sie sich sogar fürchten. Beim Mondtanz finden sie zu Bewegungen, Schritten und Lauten, die die jeweilige Kraft versinnbildlichen. So werden sie besser mit ihr vertraut, lernen sie spüren und auch kontrollieren. Gerade Mädchen in der Pubertät haben oft Angst vor den Kräften, die in ihnen stecken und nun langsam erwachen (»Poltergeister«, ein vieluntersuchtes Psi-Phänomen, kommen besonders häufig in der Umgebung pubertierender Mädchen vor!). Ein Mondtanz zum Menarche-Fest kann diese Kräfte symbolisch bündeln und kanalisieren. Falls Sie sich selbst nicht zutrauen, so einen Tanz vorzubereiten und zu initiieren, bitten Sie am besten eine tanz- oder theatererfahrene Frau in Ihrer Umgebung um Rat.

Mondtänze zur Menarche sind im Prinzip reine Frauensache (siehe dazu 7. Kapitel). Falls auch Jungen und Männer beim Fest zugegen sind, ist es besser, auf den Frauen-Tanz zu verzichten – er verträgt keine bloßen Zuschauer, aber auch keine männlichen Teilnehmer – und andere Formen der Festgestaltung zu wählen.

Eine von Ihnen selbst vorbereitete Musikkassette mit Songs, Liedern und Musikstücken, in denen der Mond eine Rolle spielt, kann dem Fest einen besonderen musikalischen Rahmen geben. Solche *Mondlieder* zu finden, ist nicht schwer: In praktisch jeder Musikrichtung, vom Volkslied über die Klassik bis zur Rockmusik, wird mit der Liebe auch der Mond angesungen. Ob Moonlight Serenade oder Mondscheinsonate, Blue Moon, Moon Walk oder Dvořaks »Lied an den Mond«, für jeden Geschmack und jede Stimmung ist etwas dabei. Fragen Sie Ihre Tochter nach ihren

Lieblingsliedern! Ziemlich sicher handeln einige davon (auch) vom Mond.

☾ Pflanzen Sie mit Ihrer Tochter und den Festgästen den **Mondbaum** ein, falls Sie dieses – ab S. 127 vorgestellte – Geschenk für die Menarche vorgesehen haben. Viele Pflanzen, auch Bäume, gedeihen tatsächlich am besten, wenn sie zu bestimmten Phasen des Mondes in die Erde versenkt werden. In aller Regel, meint Johanna Paungger[3], sollten Bäume und andere oberirdisch wachsende und gedeihende Pflanzen bei zunehmendem Mond gepflanzt bzw. gesetzt werden. Der Winter eignet sich für diese Arbeit allerdings nicht, der Hochsommer – je nach Hitze – nur bedingt. Die beste Pflanzzeit ist das Frühjahr, gefolgt vom Herbst.

> Alternative für Astrologie-Interessierte: Gut geeignet zum Pflanzen des Mondbaums sind auch die Zeiten des – astrologisch gesehen – absteigenden Mondes, nämlich eine jeweils etwa dreizehntägige Periode, in der der Mond die Sternbilder Zwillinge, Krebs, Löwe, Jungfrau, Waage, Skorpion, eventuell auch Schütze durchläuft.

Die Erde, in die der Baum gesenkt werden soll, muß rechtzeitig vorbereitet, am besten zwei- oder dreimal im Abstand von einigen Wochen umgegraben werden, damit sie gut durchlüftet und durchfeuchtet und besonders aufnahmebereit ist.

Ob Sie den Mondbaum im Garten oder in freier Wildbahn pflanzen: Abends oder nachts, wenn der Mond bereits am Himmel steht, ist dazu der festlichste, »magischste« Augenblick. In feierlicher Laternenprozession wird der Setzling zu seinem neuen Platz getragen. Reihum dürfen alle Gäste den Spaten ansetzen und das Erdloch ausheben; Ihrer Tochter gebührt die Ehre, den Baum zu setzen und den ersten Spaten voll Erde auf die Wurzeln zu schütten. Dazu kann sie ihm gutes Wachstum wünschen. Vielleicht haben Sie zu diesem Zweck gemeinsam ein Gedicht herausgesucht oder einen Segensspruch geschrieben.

Um einen Maibaum zu tanzen, ist für viele – vor allem auf dem Land lebende – Menschen, die solche Bräuche noch lebendig halten, nichts Absonderliches. Warum also nicht auch um den Mondbaum tanzen? Besonders feierlich ist ein Schreittanz, bei dem alle Teilnehmenden sich an den Händen fassen und dreimal nach links, dreimal nach rechts (wie in alten »Hexentänzen«) den Baum umkreisen. Zum Schluß wird mit erhobenen Händen ein »Zelt« über dem kleinen Baum gebildet; alle verharren einen Moment in dieser Haltung und schicken ihm, in Gedanken oder Worten, positive Energie. Dann schwingen die Hände weit nach außen, und der Kreis löst sich auf.

Pflanzen lieben harmonische Musik und wohlklingenden menschlichen Gesang; viele wachsen unter solchem Einfluß nachweislich besonders gut. Sie können dem Mondbaum also auch ein Mondlied singen, summen oder mit Instrumenten vorspielen (besonders eindrucksvoll in einer hellen Vollmondnacht). Damit greifen Sie alte indianische Traditionen auf. Hopi-Indianer »besingen« sogar ihre Maisfelder – und schwören darauf, daß der Mais nur gut wachsen kann, wenn er von diesem Gesang dazu angeregt wird. In wissenschaftlichen Studien mit regelmäßig »besungenen« und gleich daneben liegenden, genauso bewirtschafteten, jedoch nicht diesem Ritus unterzogenen Feldern stellte sich heraus, daß die Indianer recht hatten.

☾ Kreieren Sie ein **Mond-Schauspiel.** Viele junge Mädchen lieben es, sich zu verkleiden, ein Theaterstück aufzuführen oder eine Art Maskenfest zu feiern, bei dem sie einmal ihr

Alltags-Ich ablegen und in eine andere Rolle schlüpfen können. Mit ein paar bunten Tüchern, langen Gewändern und Körperfarben in Rot (dem Symbol des Lebensblutes), Weiß (Farbe der Meditation und des Jung-Frauen-Fests) und Schwarz (dem Symbol des Schwarzmonds und der Mutter Erde) läßt sich auch auf kleinstem Raum ein solches Verwandlungsfest feiern. Zum Beispiel folgendermaßen:

Alle Teilnehmerinnen werden zu Festbeginn verkleidet, ihre Gesichter phantasievoll bemalt. In einer feierlichen Zeremonie bekommen dann alle für die Dauer des Festes einen *neuen Namen:* beispielsweise die alten Namen der Mondgöttin (im 3. und 5. Kapitel sind viele von ihnen genannt). Jungen und Männer, falls zugegen, können ihrerseits Persönlichkeiten aus der griechischen, ägyptischen, nordischen Mythologie darstellen, aus Sagen und Legenden, oder sie fungieren als Schamanen, Druiden, Könige… Zur Vorbereitung können Sie kleine Karten mit den in Frage kommenden Namen und einer kurzen Beschreibung der mythischen Gestalt beschriften, die Sie den Gästen bei der Verwandlung überreichen. *Variante für reine Frauenfeste:* die Karten mischen; jede Teilnehmerin zieht eine davon und stellt dann die ausgeloste Gestalt dar. Ihre Tochter als Hauptperson darf selbst wählen, wer sie sein möchte.

Was auch immer Sie sich für Ihr Spiel aussuchen: Achten Sie darauf, daß Ihre Tochter bei alledem die Hauptrolle spielt, denn schließlich ist es ihr Fest! Wichtig ist außerdem, daß die Teilnehmerinnen keinesfalls den männlichen Teilnehmern »unterlegene« Rollen zugeteilt bekommen, die in altgewohnter Weise das – auch in vielen Mythen und Märchen tradierte – patriarchale Rollenverhältnis widerspiegeln. Auch wenn es sich um ein »gemischtes Fest« handelt, hat doch die Weiblichkeit an diesem Tag absolute Priorität, und die Teilnehmer müssen demgegenüber zurückstecken (lernen). Ein solcher

»Rollentausch« bedeutet z. B.: Nicht die männliche Hauptperson – etwa der Vater oder Bruder – bestimmt den Handlungsablauf, übernimmt den aktiven Part oder erhält die größte Macht im Spiel eingeräumt, sondern die weibliche, nämlich Ihre Tochter. Und auch die anderen weiblichen Gäste sollten bei diesem Fest keine »Dienerinnen der Herren«, »geraubte Jungfrauen« oder andere traditionell machtlose Frauenrollen ausfüllen. (Übrigens: Nichts spricht dagegen, wenn es einmal die männlichen Festgäste sind, die für den gesamten Service – Kochen, Servieren, Nachschenken, Aufräumen – zuständig gemacht werden!)

Ob Sie dann gemeinsam eine alte mythische Geschichte nachspielen, ein selbst ausgedachtes Theaterstück aufführen oder einfach, in die ausgewählten Persönlichkeiten verwandelt, das Fest zusammen feiern (das sich ansonsten nicht sehr von anderen Festen für die jeweilige Altersgruppe unterscheiden muß): Allein schon die Verwandlung sorgt sicher für gute Stimmung – und der »Rollentausch« für Gelächter und Denkanstöße.

☾ Machen Sie mit Ihrer Tochter (und den eventuell dazu geladenen Gästen) einen **Mondspaziergang,** am besten ins freie Feld hinaus. Falls die Nacht schön und klar ist, können Sie auch eine Sternenkarte, einen Feldstecher oder ein Teleskop mitnehmen, um Mond und Sterne genauer zu beobachten, ihren Lauf zu erklären und Ihrer Tochter zu zeigen, worauf sie bei den Mondphasen achten muß. Ein solcher Spaziergang kann eine ganz besondere Magie besitzen, vor allem, wenn Ihre Tochter sonst nur selten die Möglichkeit hat, den Nachthimmel anders als vom Fenster aus zu genießen. Er stärkt ihre Bindung zur Natur und vermittelt ihr ein besonderes Gefühl für den Zusammenhang zwischen dem Mond und ihrer Menses, die sie fortan über viele Jahre begleiten und ihre Lebensrhythmen mitbestimmen wird.

☾ Besuchen Sie mit Ihrer Tochter eine **Sternwarte** bzw. ein **Planetarium:** ein aufregendes Erlebnis für alle Mädchen, die Interesse an Astronomie, Technik, Raumfahrt oder auch Astrologie haben. Lassen Sie sich dabei besonders ausführlich über unseren Erdtrabanten informieren. Es gibt inzwischen hinreißende Filme von den Spaziergängen der Astronauten auf dem Mond. Wunderbar ist nicht nur der Blick zum »blauen Planeten«, der Erde, sondern auch das Gefühl, dem Mond, der auf so intime Weise den weiblichen Zyklus mitbestimmt, an diesem exklusiven Feier-Tag ein Stück näher zu sein. – Eine Variante dazu, falls Sie in Küstennähe wohnen, ist der Besuch eines **Leuchtturms,** bei dem das Mädchen in die Geheimnisse von Ebbe und Flut, den Anziehungskräften des Mondes und seine Auswirkungen auf Gezeiten, Fischfang und Schiffsverkehr eingeweiht wird.

☾ Greifen Sie den Geschenkvorschlag von S. 145 auf und basteln Sie mit Ihrer Tochter und eventuellen Gästen gemeinsam einen **Mondkalender,** oder fertigen Sie zusammen einen **Mondschal** (siehe S. 151) oder eine **Monduhr** (siehe S. 134) an. Ein solches Unternehmen eignet sich am besten für kreative Mädchen, die Spaß am Werken, Batiken, Malen etc. haben – und sich ganz besonders darüber freuen, daß ihre sonst oft so gestreßte Mutter bzw. ihr Vater sich extra für diesen Anlaß einen Tag Zeit nur für sie alleine nimmt.

☾ Backen Sie zum Fest einen **Mondkuchen,** zum Beispiel in Form eines Sichelmonds (in gutsortierten Haushaltsgeschäften finden Sie solche Backformen), oder bieten Sie auf dem Fest jede Menge leckerer **Mondplätzchen** an. Die Zutaten für ein solches Mondgebäck können Sie im voraus besorgen und auch »auf die Schnelle« noch am Tag der Menarche backen. Wenn Sie das dann jedes Jahr zum Datum der Menarche-Wiederkehr tun, haben Sie bereits eine schöne neue Familientradition zu Ehren der Töchter eingeführt. (Zu den Söhnen siehe ab S. 191.)

Das rote Fest

Rot ist für viele Völker die Farbe der Freude und der Fruchtbarkeit. Rotbemalte Eier gelten als *das* weibliche Fruchtbarkeitssymbol überhaupt (was den meisten, die rote Ostereier verschenken, allerdings nicht mehr bewußt ist). Ein roter Teppich wird ausgerollt, wenn man hohe Gäste erwartet. Rote Roben tragen Kaiserinnen, Königinnen und andere Würdenträgerinnen und -träger, wenn sie bei feierlichen Anlässen ihr Amt repräsentieren. Rot symbolisiert Kraft, Macht und das Lebensblut, das jetzt bei Ihrer Tochter zum ersten Mal fließt; es verheißt Glück und Gesundheit.

»Milch und Brot färbt Wangen rot«, heißt ein alter deutscher Spruch, der die einfache, gesunde Ernährung preist. Rosige, gut durchblutete Haut ist seit jeher ein Zeichen natürlicher Schönheit und Lebenskraft. Je röter das Blut, um so besser: Blut, das reich an roten Blutkörperchen ist, kann auch viel Sauerstoff und Eisen zu allen Organen tragen. In der Farbtherapie gilt Rot als die wärmste aller Farben; sie regt die Wahrnehmung, die Herzfunktion und den Pulsschlag an, macht munter und unternehmungslustig und erotisiert die Sinne. Rot bringt das Blut in Wallung und wird deshalb auf schlecht durchblutete, blasse, verspannte Körperstellen gestrahlt, um ihre Immunkräfte zu stärken. Rotlicht dringt tief in die Gewebe ein – tiefer als Grün oder Blau – und durchwärmt sie. Rotes Licht besitzt die größte Wellenlänge aller Lichtstrahlen des Spektrums, das für menschliche Augen sichtbar ist. Nur ganz wenige Mädchen haben Schwierigkeiten damit, die Komplementärfarben Rot und Grün auseinanderzuhalten; bei Jungen kommt eine solche Farbsehschwäche oder Farbenblindheit etwa sechs- bis achtmal häufiger vor.

In vielen Kulturen werden Mädchen zur Menarche mit roter Farbe bemalt (siehe dazu auch Kapitel 3), oder sie bekommen ein leuchtendrotes Gewand oder einen roten Schal geschenkt, den sie fortan als Zeichen des Frauseins tragen dürfen. Mit der Farbe Rot läßt sich auch jedes Menarche-Fest prächtig ausgestalten, zum Beispiel folgendermaßen:

☾ Richten Sie den Eßtisch oder sogar das ganze Zimmer, in dem gefeiert werden soll, mit **rotem Schmuck** festlich her – z.B. mit Tüchern in allen Rotschattierungen, rotem Geschirr, einem Strauß roter Blumen, roten Blütenblättern auf dem Tischtuch, roten Girlanden und Lampions. Wenn Sie solche Dinge rechtzeitig besorgen, können Sie sie am Menarche-Tag ohne großen Aufwand hervorzaubern.

☾ Bereiten Sie Ihrer Tochter einen Festtag lang ausschließlich **rotes Essen** zu (oder wenigstens eine Mahlzeit ganz in Rot)! Die Tradition, mit einer roten Speise oder einem roten Getränk das Lebensblut am Menarche-Tag zu symbolisieren, gibt es bei vielen Völkern. Es ist gar nicht so kompliziert, wie es auf den ersten Blick aussehen mag, und auch für Mütter und Väter realisierbar, die nicht leidenschaftlich gern kochen oder backen. Je nach Jahreszeit stehen für das rote Festmahl – vom Frühstück bis zur Abendtafel mit Gästen – beispielsweise folgende rote Lebensmittel zur Verfügung:

Früchte für Marmeladen, Joghurts, Müsli, Cremespeisen, Sorbets, Eis, Obstsalat, Rote Grütze, Obstkuchen, Torten, Säfte und Bowlen: Johannisbeeren, Himbeeren, Erdbeeren, Preisel- und Moosbeeren, Kirschen, Rhabarber, rotbackige

Äpfel oder Pfirsiche, Feigen mit rotem Fruchtfleisch, Wassermelonen, Blutorangen (!) sowie natürlich die aus dem Mittelmeerraum stammenden Granatäpfel mit ihren roten, süßsäuerlichen, fruchtigen Kernen – eine Spezialität, die gleichzeitig ein uraltes weibliches Fruchtbarkeitssymbol darstellt (siehe dazu S. 107).

Gemüse und Salatpflanzen für Soßen, Suppen (auch kalte Gazpacho-Suppe, russischen Borschtsch oder würzige Fischsuppe), für Eintöpfe, Aufläufe, Gedämpftes, gefüllte Gemüse, gemischte Salatteller, Beilagen, Garnierungen usw.: Tomaten, rote Paprika, scharfe Peperoni, Rote Bete, Rotkohl (Blaukraut), rote Bohnen, Radieschen, rote Zwiebeln, Radicchio-Salat, außerdem mit roter Sauce gefüllte Auberginen, Zucchini etc., eventuell auch orangefarbene Karotten.

Rote Nudeln, die Sie fertig kaufen, mit der Hand oder einer Nudelmaschine selbst zubereiten können – und zwar ganz ohne Lebensmittelfarben: Mischen Sie unter den Nudelteig entweder ca. 1/8 l auf die Hälfte eingekochten Saft von Roten Beten, oder färben Sie den Nudelteig mit Tomatenmark rot (dann weniger Mehl zugeben). Am besten vorher einmal ausprobieren!

Rotbemalte Eier, in der Schale hart oder weich gekocht, als Frühstückseier oder Vorspeise, dann mit roter Creme – z. B. aus Tomaten oder Paprika – gefüllt. Falls Sie besonders geschickt sind, können Sie diese Eier auch mit Frauen-Symbolen (siehe ab S. 107) bemalen oder die Eier halbieren und die Füllung entsprechend dekorieren.

Rote Pizza, mit wenig oder gar keinem Mozzarella-Käse belegt, dafür viel gehackten oder in Scheiben geschnittenen Tomaten, Paprika, Salami usw. Auch die italienische *bruschetta* (gesprochen: brusketta) kommt bei Festgästen sehr gut an und ist rasch zubereitet: ein Stangenweißbrot (Baguette) der Länge nach halbieren, in größere Stücke schneiden, etwas Knoblauch und gehackte Tomaten darauflegen, im Ofen leicht bräunen, dann mit gutem Olivenöl beträufeln und noch heiß servieren – eine rote Delikatesse.

Rotes Fleisch, falls Ihre Tochter oder die Festgäste an diesem Tag keinesfalls »nur« vegetarisch essen wollen: vorzugsweise vom Rind, zubereitet als Tartar, rosa Steak, Roastbeef, ungarisches (rotes) Gulasch, Fleischbällchen in Tomatensauce usw., daneben alle Arten von roten und rosa Wurstwaren und Schinken, je nach Gusto; als *Meeresfrüchte* außerdem rosarote Krabben aller Art – oder einen roten Hummer, falls Ihre Tochter solche Delikatessen besonders liebt.

Rote Getränke sind alle roten Fruchtsäfte (siehe oben), außerdem Hagebutten- und Malventee, Aperitifgetränke mit Bitterstoffen, doch ohne Alkohol, sowie rote alkoholfreie Bowlen mit Blutorangen und anderen roten Früchten darin. Falls Ihre Tochter schon etwas älter ist und zur Feier des Tages ein Gläschen Alkoholisches trinken darf: roter Sekt, Rosé, Rotwein, alkoholische rote Bowle. Besonderen Eindruck macht es, wenn Sie die Bowle in einer ausgehöhlten Wassermelone servieren (dieses »Gefäß« eignet sich auch für kalte Salate oder heiße Nudel- und Reisgerichte!) und das Fruchtfleisch natur oder als Sorbet zum Nachtisch reichen.

Ein hübsches Extra-Geschenk zur Erinnerung können Sie Ihrer Tochter und ihren Gästen beim Menarche-Fest machen, wenn Sie die Speisenfolge auf Menükarten schreiben und/oder die »roten Rezepte« zu jedem Teller legen.

Lassen Sie Ihrer Kochphantasie freien Lauf, und beziehen Sie eventuell auch Ihre Tochter mit ein! Mädchen, die Spaß am

Menü

zum Menarche-Fest von Charlotte

Apéritif:
Früchte- Bowle

Vorspeise:
Radicchio- Salat und Roastbeef

Hauptspeise:
Meeresfrüchte mit roten Nudelvariationen

Dessert:
Himbeer- Sorbet

Getränke:
Blutorangensaft, Kirschsaft, Johannisbeersaft

Kochen und Speisen-Dekorieren haben, macht es sicher besonders viel Freude, sich witzige Gerichte und Getränke in Rot auszudenken. Experimentieren Sie mit ihr zusammen – und befreien Sie sie an ihrem Ehrentag von Küchendiensten wie Abwaschen und Saubermachen!

Das Fest der Ehrengäste

Sie können das Festmahl um eine interessante Variante bereichern, wenn Sie doppelt so viele Gedecke auflegen, wie Sie Gäste erwarten, und jeden Gast bitten, symbolisch einen weiteren mitzubringen: und zwar eine historische, mythische oder derzeit lebende Frauengestalt, die für die Person, die sie »begleitet«, eine besondere Bedeutung hat. Auch diesem Gast wird, zumindest symbolisch, von den Speisen aufgetragen. Während des Festessens stellen die Gäste reihum »ihre« Frauengestalt vor, erzählen aus deren Leben bzw. erläutern, was sie an ihr so wichtig finden. Für junge Mädchen kann ein solches Gäste-Essen, wie es Luisa Francia in ihrem Buch ›Drachenzeit‹[3] vorschlägt, ganz besonders spannend sein, denn es zwingt sie, sich einmal über ihre *weiblichen Vorbilder* Gedanken zu machen – und zu erkennen, was ihnen bislang fehlt, falls sie keine haben oder viel zu wenig von interessanten Frauen der Vergangenheit und Gegenwart wissen: beispielsweise von Malerinnen, Wissenschaftlerinnen, Komponistinnen, Pilotinnen, Erfinderinnen, Politikerinnen…

Ein solches Festmahl mit fiktiven weiblichen Ehrengästen braucht sich keineswegs auf rein weibliche Festrunden beschränken. Im Gegenteil: Jungen und Männer können dabei viel lernen. Und es ist bestimmt höchst aufschlußreich zu erfahren, welche Frauengestalt sie selbst ausgesucht haben und vorstellen möchten.

Das Schminkfest

Schmücken Sie Ihre Tochter zum Festtag mit **roter Körperfarbe,** und sei es nur mit einem Sichelmond-Symbol auf der Stirn, oder nehmen Sie die Menarche-Feier zum Anlaß, sie (und ggf. ihre Freundinnen) ganz offiziell in die Geheimnisse weiblicher **Schminkkunst** einzuweihen, mit allem, was dazugehört. Falls Sie selbst zum Schminken wenig Lust oder Begabung haben, bitten Sie eine Freundin oder – falls Sie dafür Geld ausgeben möchten – eine Kosmetikerin oder Maskenbildnerin um Rat und Hilfe! Schminken gehört für viele erwachsene Frauen zum ganz normalen Alltag, und es kann nicht schaden, wenn junge Mädchen von Anfang an einen vernünftigen, ästhetisch ansprechenden und finanziell vertretbaren (!) Umgang damit lernen.

Mädchen in der Pubertät haben außerdem häufig Hautprobleme, weil ihre Haut in dieser Zeit besonders fettig ist und Pickel oder Akne bekommt. Für sachliche Ratschläge zur richtigen Hauthygiene und -pflege sowie zum Kaschieren solcher Problemstellen sind sie sicherlich dankbar – vor allem, wenn daraus keine trockene Lektion, sondern ein Schminkfest gemacht wird.

> Ein weiterer Tip für ein Menarche-Geschenk: Wie wäre es mit dem ersten Set eigener Schminkutensilien und/oder Körperfarben für besondere Gelegenheiten? Das erspart Ihrer Tochter den (heimlichen) Griff in Mutters Schminktöpfe und Ihnen eine Menge unnötigen Ärger.

Damit keine Mißverständnisse entstehen: Ich bin *keine* Anhängerin der Auffassung, ohne Schminke sei eine Frau »nur halb angezogen«, und jedes Mädchen müßte beizeiten lernen, »das Beste aus ihrem Typ« zu machen. Verkleidungszwänge und Schönheitsideale dieser Art, mit denen Frauen und Mädchen weisgemacht wird, so wie sie aussehen, könnten sie keinesfalls den Ansprüchen genügen, lehne ich grundsätzlich ab. Gegenüber gewaltsamen Aussehensveränderungen – etwa durch Tätowierungen, Piercing, krasse Fastenkuren, chemisches Hautpeeling, kosmetische Operationen usw. – hat Schminke jedoch einen großen Vorteil: Sie ist jederzeit wieder abwaschbar, und eine Frau kann jeden Tag aufs neue entscheiden, ob sie sich heute schminken will oder nicht, und wenn ja, auf welche Weise. Oft kann das Schminken sogar ein kreativer Akt sein – ein Akt der Verwandlung, des Rituals, des bewußten Rollenspiels oder ganz einfach des eigenen Vergnügens.

Zu allen Zeiten, über die wir etwas wissen, haben Frauen (und Männer!) sich zu den unterschiedlichsten Anlässen mit Farben bemalt bzw. Gesicht und Körper geschminkt. Auch bei Menarche-Riten anderer Völker spielen Körperbemalungen oft eine große Rolle. Make-up einmal unter diesem Gesichtspunkt zu betrachten, kann einem solchen Schminkfest für die Halbwüchsige(n) eine ganz neue Note verleihen.

So ein Fest kann, muß aber nicht ausschließlich in weiblicher Runde stattfinden. Wer Brüder, Freunde oder einen Vater hat, die gern Theater spielen und/oder einmal, und sei es nur zum Spaß, in weibliche Schminkkunst eingeweiht werden möchten, kann sie natürlich dazu einladen.

Das Zeitfest

Das Schönste und Wichtigste, das Sie Ihrer Tochter zur Menarche schenken können, ist Ihre Zeit: die Zeit, die Sie zur Festvorbereitung und für das Menarche-Fest selber aufwenden; die Zeit, in der Sie ausdrücklich *ihr zu Ehren* – und nicht bloß, weil sie eben Ihr Kind ist und Sie das als Elternpflicht empfinden – mit ihr zusammen sind und ihr einen schönen Tag zu bereiten versuchen; die Zeit, die Sie vor allen Dingen ihr widmen und in der andere Familienmitglieder, vielleicht ausnahmsweise einmal, im Hintergrund bleiben.

Sie müssen kein aufwendiges Fest feiern, um Ihrer Tochter das Fest Ihrer zeitlichen Zuwendung zu gewähren. Etwas Besonderes wäre es zum Beispiel schon, wenn Sie ihr versprechen: Sobald du deine Menarche hast, rufst du mich in der Arbeit an, und ich nehme mir auf jeden Fall den ganzen nächsten Tag (oder doch wenigstens einen Nachmittag und Abend) für dich frei! Es versteht sich von selbst, daß Sie ein solches Versprechen dann auch unter allen Umständen halten müssen, koste es, was es wolle. Sollte Ihre Arbeit nicht zulassen, daß Ihr Terminkalender von einem Tag auf den nächsten umgeworfen wird – was ja häufig der Fall ist, ohne daß Sie die Macht haben, das zu ändern –, räumen Sie ihr den erstbesten nächsten freien Tag, z. B. am Wochenende, zur Verfügung ein. Vor allem Töchter, deren Eltern beide berufstätig sind und/oder die sich die Zuneigung der Eltern mit mehreren Geschwistern teilen müssen, werden den Wert eines solchen Zeitfestes zu schätzen wissen.

Was Sie in dieser gemeinsamen Zeit unternehmen, ist daneben eher zweitrangig. Ob Sie Ihre Tochter ins Café einladen, wo sie einmal nach Herzenslust schlemmen darf; ob Sie mit ihr in den Zoo, ins Schwimmbad, ins Kino, zum Einkaufsbummel, in ein Popkonzert, ins Theater oder in ein feines Restaurant gehen, einen Ausflug machen, wie sie ihn sich schon lange gewünscht hat, oder auch nur gemütlich zu Hause bleiben, einen Mondkuchen essen und ihr endlich einmal Ihre ganz ungeteilte Aufmerksamkeit schenken – vorrangig ist, daß sie das Gefühl hat: Meine Menarche ist etwas so Wichtiges, daß meine Eltern mir ihretwegen das Kostbarste schenken, was sie haben, nämlich Zeit.

Wenn Sie sonst selten Zeit für Ihre heranwachsende Tochter erübrigen können, wird sicherlich auch für Sie dieser Tag zu etwas ganz Besonderem. Denn Sie müssen sich Mühe geben, sich dann auch wirklich auf das Mädchen zu konzentrieren – eine Übung, die Ihnen vielleicht gar nicht leicht fällt und an der Sie ersehen können, wie überlastet Ihr Terminkalender bislang eigentlich immer war oder wie sehr Ihre Tochter diese elterliche Zuwendung sonst entbehren muß. Vielleicht lernen Sie beide etwas daraus, was Ihre Beziehung zueinander stärkt: Ihre Tochter, daß Sie sie eben doch – gerade auch als Mädchen! – wichtig und ernst nehmen, selbst wenn sie daran manchmal zweifeln mag. Sie als Eltern, daß materielle Geschenke, Geld und gute Erziehung nicht genügen, um alle Bedürfnisse Ihres Nachwuchses zu befriedigen. Ohne Liebe, ausgedrückt in Zuwendung und Zeit, ist all das nicht einmal die Hälfte wert.

Väter neigen besonders häufig dazu, zu wenig Zeit für Ihre heranwachsenden Töchter zu »opfern« – wenn es denn als Opfer betrachtet werden muß, sich liebevoll um den eigenen Nachwuchs zu kümmern. (Und natürlich haben auch Söhne oft weniger von ihren Vätern, als ihnen lieb ist.) Den Mangel an Zeit suchen sie dann nicht selten durch materielle Zuwendungen auszugleichen. Im 4. Kapitel habe ich bereits angesprochen, wohin das beim Menarche-Geschenk führen kann: Der Vater verbleibt in der traditionellen Rolle des Geldgebers und sucht vielleicht allenfalls noch den Mondring für die Tochter mit aus. Der fällt dann teurer aus als eigentlich vorgesehen, denn wenn Papa schon beim Menarche-Fest nicht dabeisein kann, weil er von der Arbeit unabkömmlich ist, soll doch wenigstens das Geschenk bzw. die Festausstattung etwas hermachen. Und die Tochter lernt daraus: Der Vater kauft sich – wieder einmal – frei.

Wie schwer es Jugendlichen fällt, unter solchen Umständen eine konstruktive Beziehung sowohl zu ihren Eltern wie auch zu immateriellen Werten zu entwickeln, ist aus vielen Studien hinreichend bekannt. Für Mädchen kommt hinzu: Gerade in der Zeit der Pubertät, die gleichzeitig die Ablösung von der Mutter und das Hineinwachsen in die Frauenrolle – welcher Art sie auch sein mag – bedeutet, müssen sie auf den Vater als »männlichen Gegenpart« weitgehend verzichten. Oft ist er ihnen ferner als je zuvor, und das heißt auch: Im Clinch mit der Mutter, die jetzt alle Trotzigkeiten und Widerborstigkeiten der Heranwachsenden voll abbekommt und sich ihrerseits dagegen wehrt, bleibt die Tochter in der Familienkonstellation ziemlich allein (es sei denn, sie hat Geschwister, mit denen sie ein gutes Verhältnis verbindet). Viele Pubertätsprobleme werden dadurch größer als nötig.

Die Menarche kann ein guter Anlaß sein, solche familiären Konstellationen einmal als »Problemzonen« wahrzunehmen und sie gegebenenfalls zu verändern. Das Fest, bei dem ein Mädchen in der weiblichen Welt willkommen geheißen wird, ist dann möglicherweise auch ein Wendepunkt für die Vater-Tochter- bzw. Eltern-Tochter-Beziehung: ein Prozeß familiären Reifens, der die Familienmitglieder einander auf neue, positive Art näherbringt.

Genannte Literatur:

1) Hämmerling, Elisabeth: Mondgöttin Inanna. Ein weiblicher Weg zur Ganzheit. Kreuz Verlag, Zürich 1995.
2) Francia, Luisa: Mond – Tanz – Magie. Mit Fotos von Ine Guckert. Verlag Frauenoffensive, München 1986.
3) Paungger, Johanna / Poppe, Thomas: Vom richtigen Zeitpunkt. Die Anwendung des Mondkalenders im täglichen Leben. Hugendubel Verlag, Edition Irisiana, München, 22. Aufl. 1995.
4) Francia, Luisa: Drachenzeit. Verlag Frauenoffensive, München 1987.

7. Kapitel: Reine Frauensache? – Zur Rolle von Vätern, Brüdern, Freunden beim Menarche-Fest

Menarche- und Menstruationsrituale waren in alten Zeiten stets reine Frauensache – und das nicht nur aus biologischen Gründen. In all solchen Ritualen feierten Frauen zum einen ihren Zyklus, ihre Fruchtbarkeit und heranwachsende oder reife Weiblichkeit, zum anderen aber auch die Tatsache, daß sie *miteinander* in einer engen geistigen, seelischen und spirituellen Verbindung standen, die weit über die körperlichen Gemeinsamkeiten hinausreichte. Es gab ein »geheimes Wissen«, das sie verband und das sie über Generationen an ihre Töchter weiterreichten: das Wissen um Leben und Tod, Sexualität, Schwangerschaft und Gebären, um die Rhythmen der Natur und ihre eigenen, den Lauf des Mondes und der Sterne, um Krankheiten, Heilpflanzen und Medizinrituale, das Hüten des Feuers und die heiligen Riten zu Ehren der Großen Muttergöttin. Frauen-Feste zur Menarche bzw. zum allmonatlichen Schwarzmond, dem Zeitpunkt ihrer Menstruation, spiegelten die Transzendenz dieser Gemeinsamkeit. Es war daher ganz natürlich, daß Männer nicht darin einbezogen wurden – ja auch gar nicht einbezogen werden wollten, nicht zuletzt aus der Furcht heraus, sich mit einer solchen »Grenzüberschreitung« womöglich gar körperlich oder spirituell zu schaden. (Viele alte Menstruationstabus wurzeln in dieser fast religiösen Scheu oder Angst der Männer vor etwas, an dem sie selbst keinen Anteil hatten, dessen Macht sie aber erkannten.)

Für ein »gemischtes« Fest

In unserer modernen Gesellschaft existieren natürlich immer noch »weibliche Geheimnisse«, zu denen Männer keinen direkten Zugang haben und/oder von denen sie oft auch gar nicht so viel wissen wollen. Doch Grenzüberschreitungen zwischen den Geschlechtern sind längst an der Tagesordnung. Kaum jemand findet etwas dabei, wenn Männer – vor allem im medizinischen Bereich – mindestens ebenso gut, wenn nicht besser über den weiblichen Körper Bescheid wissen als viele Frauen selbst (was vor ein paar hundert Jahren noch undenkbar gewesen wäre). Kaum eine junge Frau von heute wundert sich mehr, wenn ihr Partner sie über die Menstruation ausfragt, mit zur Schwangerschaftsgymnastik geht, bei der Entbindung dabei sein will und so weiter. Männer kaufen ungeniert Artikel zur Menstruationshygiene für ihre Partnerinnen oder Schwestern ein, beteiligen sich an Zyklusaufzeichnungen zur natürlichen Empfängnisverhütung oder, bei Kinderwunsch, zur Empfängnismaximierung, wissen aus dem Gedächtnis, wann die nächste Menstruation ihrer Partnerin fällig sein müßte, und sind auch sonst in vielen Bereichen in die Welt »weiblicher Geheimnisse« vorgedrungen.

Und immer mehr Väter heranwachsender Töchter finden, daß es etwas Besonderes ist, wenn ihre »Kleine« zur Frau heranreift. Sie sehen überhaupt nicht ein, weshalb sie etwa von deren Menarche-Fest ausgeschlossen werden sollten. Schließlich ist die Tochter auch ihr Kind, sie haben sie genauso lieb wie den männlichen Nachwuchs und möchten ihr an diesem Ehrentag etwas schenken, das ihr signalisiert: Als dein Vater, als Mann, freue ich mich über dein gesundes Wachstum.

Auch für die Tochter kann es sehr wichtig sein, ein solches positives Feedback von ihrem Vater zu bekommen, sobald sie das erste Mal menstruiert: Zeigt es ihr doch, daß sie mit dieser »Frauensache« beim Vater – in seiner Eigenschaft als Vertreter des männlichen Geschlechts – nicht etwa in Ungnade fällt, wie sie vielleicht insgeheim befürchtet hat, sondern in dieser neuen Rolle respektiert und anerkannt wird. Seine Teilnahme am Ereignis der Menarche erleichtert der Tochter außerdem den unbefangenen Umgang mit der Menstruation. Sie braucht sich beispielsweise nicht vor den männlichen Familienmitgliedern zu genieren, wenn sie mit einem Päckchen Binden in der Hand ins Bad eilt oder erklären soll, weshalb sie mit einer Wärmflasche auf dem Bauch im Bett liegt. Sie muß nicht rot werden und verstummen, wenn sie mit ihrer Mutter gerade über die Menstruation spricht und der Vater hinzukommt, usw. Ja, für manche Mädchen, deren Mütter mit dem Menstruationsgeschehen leider gar nicht gut zurechtkommen, weil sie selbst immer große Probleme damit hatten, kann der Vater unter Umständen sogar die weibliche Vertrauensperson ersetzen (vorausgesetzt, er hat in diesen Fragen eine aufgeschlossene Haltung, geht sensibel mit der Tochter um und ist sachlich gut informiert). Ganz besonders in solchen Fällen ist es schön, wenn die Heranwachsende im Vater einen Verbündeten hat, der sie berät, bestätigt und stolz auf sie ist – auch wenn er dem anderen Geschlecht angehört und sich in diese Frauensache naturgemäß nur von außen einfühlen kann.

Familien, die es gewohnt sind, viel gemeinsam zu unternehmen, und in denen Vater und Tochter sich sehr gut verstehen, werden daher sicherlich auch das Fest zur Menarche gemeinsam feiern wollen.

Das gleiche gilt, wenn Väter ihre Töchter allein aufziehen und diesen wichtigen »Tag der Tage« mit ihnen würdig verbringen wollen: Es wäre absurd, ein Menarche-Fest nur deshalb zu unterlassen, weil keine Mutter anwesend ist, die es für sie ausrichten könnte. (Vätern, die besten Willens sind, aber nicht recht wissen, wie sie dabei vorgehen sollen, kann eine »Mondpatin« – siehe nächstes Kapitel – aus der Verlegenheit helfen.)

Für die Einbeziehung der männlichen Familienmitglieder in das Menarche-Fest spricht darüber hinaus noch etwas anderes: Es ist unter Umständen eine sehr gute Gelegenheit, auch dem Vater oder den Brüdern Scheu und Vorurteile vor diesem »Weiberkram«, wie es oft flapsig genannt wird, zu nehmen. Auch in unseren angeblich so aufgeklärten Zeiten haben nämlich viele Männer – selbst wenn sie seit Jahrzehnten mit ihrer Frau zusammenleben – nur eine recht ungenaue Vorstellung davon, was sich im weiblichen Körper allmonatlich abspielt. Jüngere Brüder des Mädchens wissen meist noch gar nichts darüber. Brüder, die älter sind als die Heranwachsende, haben vielleicht einmal im Biologie- oder Sexualkundeunterricht etwas über die Menstruation gelernt; viele jedoch beziehen ihre »Kenntnisse« eher aus dummen Bemerkungen ihrer Altersgenossen. Das heißt in aller Regel, sie sind durchaus noch aufklärungsbedürftig. Last but not least müssen sie lernen, Respekt vor diesen, für die Existenz des ganzen Menschengeschlechts so ungemein wichtigen Vorgängen im weiblichen Körper zu entwickeln. Wenn sie mitbekommen, daß ihre Schwester zur Menarche ein bedeutungsvolles Geschenk erhält oder sogar im Familienkreis ein Fest ihr zu Ehren gefeiert wird, macht sie das zumindest nachdenklich. Bestenfalls bekommen sie dadurch einen entscheidenden Anstoß, ihre bisherige, unreflektierte Einstellung zu diesem »Weiberkram« zu verändern.

Und das ist, meine ich, auch vom weiblichen Standpunkt aus sehr wünschenswert. So wichtig es ist, daß zu allererst einmal die Mädchen und Frauen selbst ein gutes Verhältnis zu ihrem Zyklus gewinnen – auf Dauer kann das nicht genügen. Männer müssen in diesen Erziehungsprozeß, so gut es irgend geht, mit einbezogen werden, damit sie nicht irgendwann hoffnungslos hinterherhinken – und es währenddessen weiterhin mit Halbwissen, Fehl- und Vorurteilen den Mädchen und Frauen in ihrem Umkreis schwer machen, ein gutes Gefühl zu ihrem Zyklus zu entwickeln.

Ich weiß, das bedeutet für Frauen große zusätzliche Mühe: nicht nur selbst umzulernen, sondern auch ihren Partnern, Brüdern, Söhnen, Freunden usw. beibringen zu müssen, anders als bisher über die Menstruation zu denken. Doch die Anstrengung dürfte sich auf längere Sicht lohnen; wenn schon nicht bei jedem einzelnen Mann (manche stellen sich als unbelehrbar heraus), so doch bei vielen. Und das kann dann durchaus ein Schneeballsystem der Information und Aufklärung zur Folge haben. Männer erziehen sich nämlich zu weiten Teilen – fast möchte ich sagen: vor allem – *gegenseitig*. Was Jungen von Männern und Männer von anderen Männern lernen, wirkt sich oft stärker auf ihr Denken und Handeln aus als das, was ihnen Frauen beizubringen versuchen. Eine Reihe aufgeklärter, vorurteilsfreier, ins »geheime Wissen« der Frauen eingeweihter Männer kann diesen Erziehungsprozeß unter ihresgleichen entscheidend beeinflussen. Kein Mann blamiert sich schließlich gern vor anderen Männern. Und das könnte ihm irgendwann sehr wohl passieren – zum Beispiel, wenn er Unsinn über die Menstruation von sich gibt und dafür von einem Freund oder Kollegen schlichtweg ausgelacht wird. So etwas bewirkt oft mehr als lange Diskurse zwischen Frau und Mann. Und wir wären alle miteinander einen Schritt weiter.

Je stärker Väter und Brüder – gegebenenfalls auch andere männliche Verwandte – in ein Fest zur Menarche einbezogen werden, desto eher etabliert sich dieser Brauch als *Familienfest*. Und wenn es gar zur schönen Tradition werden soll, die sich *in der gesamten Gesellschaft* durchsetzt, ist es sicher nur vorteilhaft, wenn diese Tradition von beiden Geschlechtern akzeptiert und ausgestaltet wird. So leben es Völker und Volksstämme vor, in deren Gemeinschaftsleben die Menarche-Feste zu den höchsten und wichtigsten Feiertagen überhaupt gehören. Und so könnte es auch bei uns eines Tages sein, wenn unsere Gesellschaft sich (wieder) darauf besinnt, welch große Bedeutung die gesunde, ursprüngliche, nicht künstlich herbeigeführte und medizinisch-technisch »gestützte« Fruchtbarkeit der Frauen für das Überleben der gesamten Spezies Mensch hat.

Auch wenn die Zeichen der Zeit im Augenblick ganz anders zu stehen scheinen: Ich bin der festen Überzeugung, daß Frauen (und Männer) niemals durch die Technologie der Reproduktionsmedizin ersetzbar sein werden, und ich glaube auch nicht daran, daß sich das künstliche Kinderkriegen als »Normalität« durchsetzen wird. Menarche und Zyklus werden ihre Wichtigkeit auch in Zukunft nicht verlieren. Und je selbstbewußter, stolzer, kraftvoller und emanzipierter die nächsten Frauengenerationen sind, je genauer sie ihre Fähigkeiten in *allen* Lebensbereichen ausloten und entwickeln, desto weniger werden sie sich ihre *zusätzlichen,* ganz besonderen, spezifisch weiblichen Fähigkeiten ausreden oder herabwürdigen lassen – zu denen die grundsätzliche Möglichkeit gehört, Leben zu geben.

Für ein Frauenfest

Ebenso, wie es viel Positives zu einem »gemischten«, also für beide Geschlechter gleichermaßen offenen Menarche-Fest zu sagen gibt, lassen sich viele Argumente für ein Fest »for ladies only« anführen.

Frauen, die – wie ich selbst – schon oft auf Frauenfesten waren und dort die unbeschwerte, ausgelassene und auf schwer beschreibbare Weise so ganz andere Atmosphäre genossen haben, die sich einstellen kann, wenn Männer nicht zugegen sind, werden mir sicher beipflichten: Feste, die Mädchen und Frauen miteinander feiern, haben eine ganz besondere Qualität. Sie ist so beeindruckend, daß eine große Zahl von Frauen, die sie einmal kennen- und schätzengelernt haben, darauf nicht mehr verzichten mögen. In vielen Städten und Gemeinden gibt es daher heutzutage regelmäßige Frauentreffs, Frauen-Kultur-Festivals und Feste, die Frauen für ihresgleichen organisieren. Daneben sind Frauenfeste in vielen Gegenden aber auch seit Jahrhunderten Tradition: zum Beispiel die ausgelassenen Perchtbräuche in den Rauhnächten um Allerseelen, wie sie im Alpenraum gang und gäbe sind (Luisa Francia berichtet in ihrem Buch ›Mond – Tanz – Magie‹[1] genüßlich darüber), die altfränkische und rheinische Weiberfasnacht, »Hexentänze« zur Walpurgisnacht, und so weiter. Sie alle nehmen auf frühgeschichtliche Frauenbräuche und rituelle Feste Bezug, bei denen Frauen unter sich blieben, um ihre »weiblichen Geheimnisse« miteinander zu feiern und sich ihrer ungezähmten Kräfte zu erinnern.

Für reine Frauenveranstaltungen gibt es viele gute Gründe (so wie Männer ebenfalls viele Gründe dafür haben, ab und zu ganz unter sich sein zu wollen). Einer der wichtigsten ist: Was vorrangig Frauen angeht, wollen Frauen auch vorrangig miteinander ausmachen. Und die Menarche ist zweifellos zunächst einmal ein Frauenthema und erst in zweiter Linie ein gesamtgesellschaftliches. Was könnte daher schöner und auch vernünftiger sein, als die heranreifende Frau auch wirklich nur im Kreis von Frauen willkommenzuheißen und zu feiern?

Vieles spricht dafür: schon das Thema Menstruation, das unter Geschlechtsgenossinnen offener angesprochen und auf verständnisinnigere Weise diskutiert werden kann, als wenn Vertreter des anderen Geschlechts dabei sind, mögen sie noch so sensibel und verständnisvoll sein. Auch Frauengeschichte und -geschichten lassen sich unter Frauen leichter erzählen, wenn nicht ständig Männer mit ihrer Sicht der Welt dazwischenreden. (Und das tun sie erfahrungsgemäß leider oft.) Viele Frauen scherzen anders, sind anders fröhlich, freier und im besten Sinne ungehemmter, wenn sie nicht gleichzeitig männlichen Kontrollblicken ausgesetzt sind. Nicht von ungefähr lassen die im 3. Kapitel zitierten Luvalefrauen beim Menarche-Tanzfest keinen Mann auch nur in ihre Nähe: Diese Zeit gehört ihnen ganz allein, und sie nutzen sie unter anderem, um einmal ganz ungeniert über das andere Geschlecht herzuziehen, unbefangen Intimitäten zu erörtern und ihre Männer in derben Späßen auf die »Größe« zu reduzieren, die ihnen ihres Erachtens zukommt. Solch gemeinsames Gelächter verbindet und festigt das Gefühl schwesterlicher Solidarität, die in vielen Lebenssitationen Bestand hat.

Dieses Gefühl der Gemeinsamkeit steht auch bei Frauentänzen zur Feier der Menarche im Vordergrund: Wenn Frauen und Mädchen sich dabei an den Händen fassen, einen rituellen Kreis bilden oder sich im Bewußtsein ihrer weiblichen Fülle und Kraft zu wilden Sprüngen übers Feuer hin- und hochreißen lassen, können männliche Zuschauer oder gar Mittänzer nur störend wirken. Voyeurismus jeglicher Art ist bei solchen Tänzen, bei denen allein die *Weiblichkeit* und nicht ihre *heterosexuelle Komponente* im Vordergrund steht, völlig unangebracht.

Gelegenheiten zum Paartanz von Frauen *und* Männern werden in unserer Kultur allenthalben reichlich angeboten und genutzt. Die Kultur des Frauentanzes hingegen ist nur noch in wenigen Regionen und zu besonderen (heute oft bloß noch folkloristischen) Anlässen lebendig. In vielen anderen Kulturen ist das ganz anders: Da sind Frauentänze, bei denen jede Bewegung und jeder Schritt eine uralte Bedeutung haben, etwas Selbstverständliches und werden von Frauengeneration zu Frauengeneration weitergegeben. Ein Menarche-Fest ist eine gute Gelegenheit, solche Traditionen wieder aufzugreifen oder neue zu gestalten.

Für eine rein weibliche Gästeliste spricht außerdem: Selbst Frauen, für die die Menstruation eigentlich kein Tabuthema mehr ist, haben oft eine gewisse Scheu zu überwinden, vor ihrem Partner oder ihren Söhnen unbefangen darüber zu reden, von anderen männlichen Familienmitgliedern oder Außenstehenden ganz zu schweigen. Die Tochter gar, um die es ja vor allem geht, steckt mitten in der Pubertät – und bekommt womöglich schon beim bloßen Gedanken an ein solches »coming out« im Kreise der Gesamtfamilie einen knallroten Kopf. Gerade bei einem Fest zur Menarche kann und sollte das Thema Menstruation aber keinesfalls ängstlich vermieden werden. Schließlich ist sie ja der *Anlaß* zum Feiern.

Fragen Sie Ihre Tochter!

Erwachsene und Halbwüchsige sind in vielen Familien nur selten einer Meinung. Und so kann es passieren, daß ausgerechnet das geplante Menarche-Fest schon im Vorfeld zu einem Machtkampf zwischen Eltern und Tochter ausartet, der im Streit über die Gästeliste seinen Höhepunkt findet. Manche Mädchen ziehen sich dann vielleicht entnervt zurück und verweigern jegliche Teilnahme an einer solchen »blöden Feierei«. Oder der Vater findet es absurd, daß er zwar einerseits für ein passendes Geschenk geradestehen, andererseits aber am Festtag möglichst durch Abwesenheit glänzen soll. Manche Mütter hätten, der Familienbande wegen, gern Vater, Brüder und alle sonstwie zur engeren Familie Gehörigen dabei – oder würden, ganz im Gegenteil, am liebsten mit ihrer Tochter alleine sein. Und die Tochter will vielleicht genau das Gegenteil von dem, was Mama gern möchte.

Nichts wäre aber widersinniger, als wenn der Gästeliste wegen das geplante schöne Ereignis nicht stattfinden könnte oder zur Peinlichkeit mißriete. Wie läßt sich so ein Dilemma lösen?

Allen Menschen recht getan, ist eine Kunst, die keine(r) kann. Mein persönlicher Rat an alle, die hier um eine Entscheidung ringen: Fragen Sie *als erstes Ihre Tochter,* wie sie selbst es am liebsten hätte. Wäre es ihr unangenehm, wenn ihr Vater (Stiefvater, Lebensgefährte ihrer Mutter) in irgendeiner Weise einbezogen würde? Möchte sie auf keinen Fall, daß ihr Bruder dabei ist? Wäre es ihr höchst unangenehm, wenn irgendwelche anderen Verwandten, Freundinnen oder Freunde der Familie bei einem solchen Fest zugegen wären? Oder liebt sie Familienfeste und fände es ganz im Gegenteil toll, selbst Anlaß einer solchen fröhlichen Zusammenkunft zu sein? Würde sie am liebsten nur ihre engsten Freundinnen einladen? Oder ausschließlich mit Ihnen allein etwas unternehmen? Hätte sie Spaß daran, wenn Sie die Lieblingslehrerin Ihrer Tochter, Ihre beste Freundin oder andere Frauen, die das Mädchen sehr mag und bewundert, zum Fest bitten? Bevorzugt sie eine »reine Frauensache«, oder gäbe sie am liebsten eine große Disco-Party für alle ihre Freundinnen, Freunde und Bekannten?

> Richten Sie sich bei der Gästeliste zum Menarche-Fest nach den Wünschen Ihrer Tochter! Das Recht, selbst zu bestimmen, wer zu einem eigenen Fest eingeladen wird und wer nicht, gehört zum Erwachsenwerden. Respektieren Sie es, auch wenn Sie die Entscheidung, die sie fällt, nicht recht nachvollziehen können oder traurig darüber sind. Diskutieren Sie mit ihr, aber machen Sie keinen Streß daraus. Bedenken Sie: Nicht Sie stehen hier im Mittelpunkt, sondern das Mädchen, das zur Frau wird und sich an ihr Menarche-Fest immer mit Freude erinnern soll.

Leider ist manchmal schon von vornherein klar, daß eine Einbeziehung des Vaters auf keinen Fall in Frage kommt. So zum Beispiel in Familien, in denen es keinen Vater (mehr) gibt oder er dauernd beruflich unterwegs ist oder – aus welchem Grund auch immer – überhaupt kein gutes Vertrauensverhältnis zur Tochter hat: Es ausgerechnet in einem so heiklen Moment wie dem der ersten Menstruation aufbauen zu wollen, ist wahrscheinlich nicht von Erfolg gekrönt, sondern für alle Beteiligten nur eine Sorge mehr. Es gibt auch Väter (und Brüder), die mit dem weiblichen Nachwuchs nicht das geringste anfangen können, sondern die Mädchen ständig verletzend spüren lassen, daß sie lieber als Jungen hätten auf die Welt kommen sollen. Und schließlich gibt es Familien, in denen die Heranwachsende kaum vor den Nachstellungen des Bruders oder gar des Vaters sicher ist. Mütter, die ihren Töchtern trotz einer solchen familiären Atmosphäre etwas Positives in ihr Frauen-Leben mitgeben möchten, sind sicher am besten beraten, wenn sie die Menarche-Feier oder das Geschenk für diesen Anlaß tatsächlich als reine Frauensache betrachten. Wie gesagt, Argumente für ein Frauenfest gibt es genug.

Was tun, wenn das Mädchen nicht feiern will?

Mütter und Väter finden die Idee, ein Menarche-Fest zu feiern, vielleicht ja ganz toll. Doch was tun, wenn die Tochter sich gegen jegliche Aufmerksamkeit sträubt, die ihrer Menarche geschenkt werden soll? Das kommt gar nicht so selten vor, denn viele Mädchen haben trotz ihres jugendlichen Alters schon den Kopf mit menstruationsfeindlichen Klischees vollgestopft bekommen, oder sie sehen sich einem gewissen »Gruppenzwang« ihrer Altersgenossinnen ausgesetzt und wollen um keinen Preis »anders sein als die anderen«. Nicht wenige Mütter, mit denen ich über dieses Thema sprach, stießen diesen Seufzer aus: »Von ihrer Menstruation will sie am liebsten überhaupt nichts hören, und für ein Menarche-Fest ist sie schon gar nicht zu haben! Von mir hat sie das nicht – aber ich weiß nicht, wie ich damit umgehen soll!«

Eine Möglichkeit ist: Geben sie Ihrer Tochter – und deren Freundinnen – dieses Buch zu lesen, oder kopieren Sie ein Kapitel heraus, das Sie für besonders geeignet halten. Es kann durchaus sein, daß sich die »Gruppenmeinung« dadurch entscheidend ändert, ja die Mädchen sogar selbst mit Vorschlägen herausrücken, wie sie sich ein Menarche-Fest vorstellen könnten.

Sollten Sie sich damit überfordert fühlen, ist es sicher am besten, eine Mondpatin (siehe 8. Kapitel) um Hilfe zu bitten. Außenstehenden gelingt es oft besser als den Erziehungsberechtigten, den Zugang zur Psyche des jungen Mädchens und ihrer Freundinnen zu finden, sie behutsam über ihre Vorstellungen zur Menarche und Menstruation zu befragen, Vorurteile zurechtzurücken und der Tochter schließlich doch Lust darauf zu machen, offensiv und fröhlich mit ihrem »Tag der Tage« umzugehen, statt ihn schamhaft zu verleugnen.

Ein Fest für den Sohn

Eltern, die sowohl weiblichen wie auch männlichen Nachwuchs haben, sehen sich angesichts einer Menarche-Feier für die Tochter manchmal in einer Zwickmühle: Wie sollen sie dem kleineren, dem (bei Zwillingen) gleichaltrigen oder dem nur wenig älteren Bruder des Mädchens erklären, daß zwar für seine Schwester zu diesem besonderen Anlaß ein Fest ausgerichtet wird, er selbst aber nichts dergleichen zu erwarten hat? In unserer Gesellschaft gibt es schließlich auch für heranreifende Jungen kein »Mannbarkeits-Ritual«, wie das bei vielen anderen Völkern üblich ist, von religiösen Feierlichkeiten wie der jüdischen Bar-Mizwah oder nach Geschlechtern nicht getrennten Festen wie Konfirmation oder Firmung einmal abgesehen. Und Kinder können auf scheinbar ungerechte »Bevorzugungen« ihrer Geschwister sehr ungnädig reagieren.

Manche Frau mag sich denken: Naja, dafür hat mein Sohn im Leben viele zusätzliche Chancen, und zwar allein deshalb, weil er ein Junge und kein Mädchen ist. Ein Fest, das nur der Tochter gilt, wäre also in diesem Sinne keine Ungerechtigkeit, sondern nur ein kleiner Ausgleich. Eine durchaus legitime Einstellung, wie ich finde, denn sie entspringt täglich erlebter Realität. Andere sehen das zwar prinzipiell ähnlich, möchten aber doch etwas unternehmen, was die Geschlechter – und Geschwister – verbindet, statt sie (weiterhin) zu trennen.

Biologisch gesehen sind Jungen bei der Wahl eines passenden Zeitpunkts für die »Initiation« allerdings im Nachteil. Ihr Körper reift auf ganz andere Weise heran, und es gibt kein eindeutiges körperliches Zeichen dafür, daß sie an einem bestimmten Tag den Schritt vom kleinen Jungen zum heranwachsenden Mann tun – von der allerersten Pollution (Samenerguß, meist im Schlaf) einmal abgesehen. Ein »Pollutions-Fest« dürfte, gelinde gesagt, auf noch mehr Akzeptanzprobleme stoßen als ein Fest zur ersten Menstruation. Genau das ist auch der Grund dafür, weshalb Männer in anderen Kulturen sich viel einfallen lassen mußten, um Initiationsfeiern für ihre Knaben angemessen zu gestalten. Bei den meisten Völkern, die solche Bräuche kultivieren, muß der Junge am Tag seiner Mannbarkeit unter Beweis stellen, daß er tapfer oder besonders mutig und stark ist, Schmerzen aushalten kann, ein guter Jäger oder Fährtenleser ist, rituelle Prüfungen besteht, und so weiter. Da Jungen keine »weise Wunde Menstruation«[2)] haben, aus der sie natürlicherweise bluten, werden ihnen bei dieser Initiation oft Wunden von außen zugefügt, nicht selten sogar direkt an ihren Genitalien, aus denen damit wenigstens einmal in ihrem Leben symbolisch »heiliges Blut« dringt.

Eine solche Nachahmung der weiblichen Menarche kommt für unseren Kulturkreis ebensowenig in Frage wie viele andere Mannbarkeitsriten, die für uns sehr fremdartig sind oder aus religiösen, medizinischen oder ethischen Gründen unvertretbar erscheinen. Nichts spricht jedoch dagegen, auch für den Sohn ein *Reifefest* auszurichten, wie es seine Schwester zur Menarche bekommt – beispielsweise zu seinem 14. Geburtstag. An diesem Tag erlangen Jugendliche nach deutschem Recht ohnehin einen neuen juristischen Status, werden teilmündig, können für bestimmte Dinge rechtlich zur Verantwortung gezogen werden, und so fort: ein Schritt ins Erwachsenenleben also, der zum Anlaß genommen werden kann, diesen Tag für Söhne in besonderer Weise zu gestalten. Im Durchschnitt haben vierzehnjährige Jungen zudem schon eine gewisse körperliche Reife erreicht, die sich mit dem Reifegrad von Mädchen bei der Menarche vergleichen läßt (auch wenn Mädchen im übrigen Reifungsprozeß meist weiter sind als gleichaltrige Buben).

Ihr Sohn braucht also auf seine Schwestern und deren Menarche-Fest nicht eifersüchtig zu sein: Versprechen Sie ihm, daß er ein ebenso schönes Fest bzw. ein besonderes Geschenk erhält, sobald er 14 wird. Wer sich näher mit männlichen Initiationsriten in aller Welt beschäftigen möchte, um daraus vielleicht ein paar gute Ideen für eine solche Feier zu gewinnen, sei auf die reichhaltige ethnologische, soziologische und religiöse Literatur zu diesem Thema verwiesen. In jeder gutsortierten Buchhandlung werden Sie dazu fündig.

Genannte Literatur:

1) Francia, Luisa: Mond – Tanz – Magie. Verlag Frauenoffensive, München 1986.
2) Shuttle, Penelope / Redgrove, Peter: Die weise Wunde Menstruation. Fischer Taschenbuch Verlag, Frankfurt 1985.

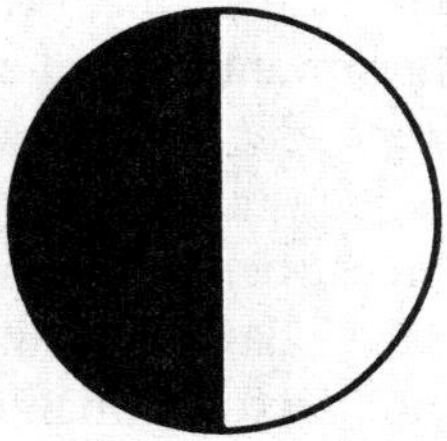

8. Kapitel: Die Mondpatin – Wenn Mädchen eine »Vertrauensfrau« brauchen

Die Zahl alleinerziehender Väter steigt ständig, und die allermeisten fühlen sich mit der Erziehung und Lebensbegleitung ihrer Töchter überfordert, sobald die Mädchen in die Pubertät kommen. Wie soll ein Vater seiner Tochter vermitteln, was es mit der ersten Menstruation auf sich hat und welch wichtiges, feiernswertes Ereignis das in ihrem jungen Frauenleben ist, wenn schon Mütter mit dieser Aufgabe häufig nicht zurechtkommen?

Diese »Frauensache« fällt oft gerade den Müttern schwer, die es selbst in ihrem Leben als Frau nicht leicht hatten oder vielleicht irgendwann sogar verzweifelt wünschten, als Junge auf die Welt gekommen zu sein. Schwierig ist der Umgang mit der körperlich reifenden Tochter zudem, wenn die Mutter selbst ihr Frauenleben lang große Menstruationsprobleme, allmonatlich ein heftiges prämenstruelles Syndrom, Krämpfe und Schmerzen während der »Tage« oder sehr lästige bis krankhaft starke Blutungen hatte: Wie soll sie ihrer Tochter nun beibringen, die Menstruation sei durchaus kein unabänderliches Frauenschicksal, das es geduldig zu ertragen oder mit medizinischen Mitteln wie Schmerztabletten und Hormonen zu bekämpfen gelte, sondern ein gesundes Zeichen des Lebens, einen Feier-Tag wert?

Und schließlich haben es auch diejenigen Mütter alles andere als leicht, deren Töchter in der Pubertät massiv mit der Ablösung aus der mütterlichen bzw. elterlichen Einflußsphäre beginnen, sich gegen alles auflehnen, was die Mutter sagt und tut, wie sie denkt und was sie rät, als sei das nun wirklich das

Allerletzte, hochgradig von gestern und völlig daneben. »Meine Tochter ist nur noch aufsässig, frech, faul und voller Widerworte«, stöhnen Mütter seit Generationen, wenn ihre ehemals so netten Mädchen zwölf, dreizehn, vierzehn werden. Das gegenseitige Vertrauen, einst scheinbar so fest begründet, sinkt rasch auf den Nullpunkt; die Stimmung gefriert oder wird allzu explosiv. Keine gute Basis, finden viele betroffene Mütter, mit der Tochter über so etwas Kompliziertes wie die Menstruation zu reden oder gar ein Menarche-Fest mit ihr zu feiern. (Und möglicherweise der einzige Punkt, an dem Mutter und Tochter wieder einmal einer Meinung sind.)

Nicht zuletzt ist es für »soziale Mütter«, den Lebensgefährtinnen von Männern mit heranwachsenden Töchtern aus einer früheren Beziehung, manchmal sehr schwierig, mit ihren »sozialen Töchtern« in der Pubertät zurande zu kommen. Die Eifersucht der Tochter auf die neue Partnerin des Vaters kann dann gelegentlich groteske Formen annehmen, die Gespräche und Annäherungen beinahe unmöglich erscheinen lassen. Oder die Selbstfindungsprozesse der Pubertierenden machen es nötig, daß sie jede Art von Mutter, ob leibliche oder nicht, als Weiblichkeitsvorbild ablehnt und sich trotzig gegen sie sträubt.

All solche Vorbedingungen – und noch zahllose weitere – können den besten Vorsatz, dem Mädchen einen schönen Einzugstag ins Frauen-Leben zu gestalten, von vornherein zu vereiteln drohen. Doch auch für dieses Problem gibt es eine mögliche Lösung, und zwar in Gestalt einer »Mondpatin«.

Viele Religionen und Kulturen kennen Patenschaften für Kinder anderer Eltern. In den christlichen Kirchen haben sich die Funktionen von Patin oder Pate zur Taufe, Firmung bzw. Konfirmation etabliert: Sie sollen die Aufnahme des Menschen in die christliche Gemeinschaft bezeugen und – so jedenfalls die Tradition – die religiöse Erziehung des Kindes fördern und begleiten. Ähnliches gibt es in vielen anderen Kulturen für den Zeitraum, wenn der Junge oder das Mädchen sich der körperlichen Reife nähern. Im 3. Kapitel habe ich ausführlich geschildert, welche Aufgaben solche Patinnen oder Lehrerinnen haben: Sie weisen das Mädchen bei der Menarche in die Geheimnisse der weiblichen Welt ein, bereiten es auf Initiations-Zeremonien vor und lehren es die biologischen, sozialen und spirituellen Aspekte des Frauseins in der jeweiligen Gesellschaft.

In unserer Kultur ist diese spezielle Funktion – noch – unbesetzt, der Platz der Mondpatin für heranwachsende Mädchen noch leer. Das ist schade, denn eine solche Patin könnte auch bei uns sehr wichtige soziale Aufgaben übernehmen:

- ☾ als unabhängige Beraterin und Begleiterin, die nicht mit dem Mädchen im »Mutter-Clinch« liegt und deshalb eine unbefangenere Form der Kommunikation anbieten kann;
- ☾ als Informantin der Jugendlichen, die ihr hilft, Fragen zu Biologie, Anatomie, Sexualität und Menstruationshygiene sachlich und ohne familiäre Schamschwellen zu klären;
- ☾ als Vertrauensfrau, an die sich die Heranwachsende wenden kann, wenn sie eine außerfamiliäre Ansprechpartnerin für ihre Probleme und Gefühle braucht;
- ☾ als weibliches Rollenvorbild, das die Jugendliche leichter als das mütterliche akzeptieren und das ihr helfen kann, ein positives Selbstwertgefühl zu entwickeln;
- ☾ als Vermittlerin zwischen den Erziehungsberechtigten und dem Mädchen, wenn es Probleme zu lösen gibt;
- ☾ als weiser Frau, die das Mädchen in die Geheimnisse der weiblichen Lebensrhythmen, weiblichen Selbstbewußtseins, weiblicher Fähigkeiten und Besonderheiten einweiht;
- ☾ als Patin beim Mondfest zur Menarche.

Eine solche Frau im eigenen Umkreis zu finden, ist meistens gar nicht so schwer. Es kann die Schwester der Mutter oder des Vaters sein, zu der das Mädchen immer schon eine besonders enge Beziehung hatte, die Tauf- oder Firmpatin, eine gute Freundin der Familie, die Lebensgefährtin oder Wohngenossin der Mutter, die Mutter einer Schulkameradin, mit der die Heranwachsende sich gut versteht. Es kann auch eine Lehrerin sein, die das Mädchen besonders mag, eine Kollegin, auf deren Besuch es sich immer freut, eine Ärztin, zu der es großes Vertrauen hat, eine Musik-, Tanz- oder Sportpädagogin, deren Unterricht es besonders gern besucht, und so weiter.

Wichtig ist, wie Sie aus dieser Aufzählung schon entnehmen können, daß es sich um eine Frau handelt, die *das Mädchen selbst* als Mondpatin akzeptieren würde oder sich sogar ausdrücklich wünscht, wenn es danach gefragt wird. Gleichgültigkeit oder gar Abneigung sind keine gute Vertrauensbasis. Wen die Jugendliche mag oder nicht, ist bei der Wahl der Mondpatin wichtiger als Ihre eigenen Gefühle (auch wenn es natürlich für alle Beteiligten sehr förderlich ist, wenn Sie ihr ebenfalls herzlich zugetan sind oder sie zumindest gut leiden können und respektieren).

Fragen Sie die Frau, die Ihre Tochter oder Sie selbst als Mondpatin ausersehen haben, einfach einmal, ob sie eine solche Rolle übernehmen würde! Wenn sie erstaunt ist und sich Bedenkzeit ausbittet, geben Sie ihr am besten dieses Buch zu lesen. Eine solche Patenschaft angetragen zu bekommen, ist für viele Frauen erst einmal eine ungewohnte Herausforderung – aber auch eine Ehre.

Und diese Aufgabe kann selbst dann wahrgenommen werden, wenn die Betreffende beruflich oder familiär stark eingespannt oder viel auf Reisen ist, gar im Ausland wohnt. Eine Mondpatin muß nicht unbedingt viel Zeit für ihr Patenkind aufbringen können. Ein offenes Ohr (und Wort) zur rechten Zeit, ein Brief, ein Anruf, Buchtips und -geschenke und ähnliche Begleit-Zeichen können oft mehr wert sein und der Jugendlichen in wichtigen Momenten mehr bedeuten als regelmäßiges Sehen. Zum Menarche-Fest sollte sie jedoch, wenn irgend möglich, anwesend sein und ihr vielleicht auch ein »Mondgeschenk« machen, zur ganz persönlichen Erinnerung an diesen wichtigen Tag.

Sehr hilfreich ist eine Mondpatin auch, wenn es darum geht, der Tochter ein Menarche-Fest überhaupt schmackhaft zu machen. Viele Mädchen sind nämlich in puncto Menstrualaufklärung durchaus kein unbeschriebenes Blatt mehr, sobald ihre Menarche heranrückt. Und nicht wenige von ihnen haben bereits eine ziemlich negative Einstellung zur Monatsblutung, längst bevor sie bei ihnen eingesetzt hat – je älter sie sind, desto eher. Viele Eltern wissen es und seufzen darüber: Erzogen werden Kinder keineswegs nur im Familienkreis, sondern auch außerhäuslich. Sie bekommen die Wertsysteme, Urteile, Vorurteile und Klischees, die in der Gesellschaft verbreitet sind, von Kindesbeinen an mindestens ebenso intensiv vermittelt wie die Wertsysteme der engsten Familie. Und so manche Mütter und Väter können sich nur darüber wundern, was ihre Kinder dabei alles aufschnappen, was sich in ihren Köpfen festsetzt und was ihre Einstellungen, Gefühle, ihr Denken und Handeln im Lauf der Zeit (mit) prägt.

Bis zu der Phase, in der Mädchen körperlich zu reifen beginnen, haben sie oftmals schon ziemlich viel – und das heißt meist: ziemlich viel Unsinn – über die Menstruation verinnerlicht, selbst wenn sie noch gar nicht genau wissen, um was es sich dabei eigentlich handelt. Vielleicht haben Nachbarinnen darüber Bemerkungen gemacht, die sich in einem Winkel ihres Gehirns eingenistet haben. Oder sie erinnern sich an dumme Ekel-Witze, die Jungen in ihrem Umkreis gerissen haben. Auch Mütter, die Probleme mit ihrer Periode haben, senden allmonatlich verbale oder nonverbale Botschaften aus, die unweigerlich bei den kleinen Töchtern ankommen. Nicht zuletzt hocken viele Mädchen allzu oft vorm Fernseher – und werden im Lauf der Zeit von den Spots der Tampon- und Bindenwerbung konditioniert. Mit einem Wort: Die Gehirnwäsche setzt im frühen Kindesalter ein, und selbst Eltern mit den besten Absichten gelingt es manchmal nicht, rechtzeitig und ausreichend gegenzusteuern.

Eine Mondpatin, die ja aus Sicht der Tochter zur »Außenwelt« gehört und als solche nicht die Wertsysteme der Familie verkörpert, kann das unter Umständen viel besser. Sie kann ihr Mondpatenkind liebevoll, aber nachdrücklich fragen, wo sie denn all das Negative und Abergläubische zur Menstruation herhat – und ob sie wirklich meint, dieser Unfug sei der Weisheit letzter Schluß. Sie kann, ohne Liebesverlust befürchten zu müssen, das Mädchen auch einmal herzhaft auslachen, falls es allzu störrisch behauptet, »viel zu dick« zu sein und dringend Diät halten zu müssen (ein Schlankheitswahn, der wissenschaftlichen Studien zufolge heute schon Zehn- und Elfjährige befällt und oft ein entscheidender Grund dafür ist, daß sich die Menarche unnötig verzögert). Sie kann das Frauenbild des Mädchens zurechtrücken helfen, Vorurteile ausräumen, ja sogar ein interessantes weibliches Vor-Bild für die Heranwachsende sein – kurz, eine Alternative zum mütterlichen Rollenbild, die das Mädchen vielleicht in dieser Zeit dringend braucht. Und sie kann der Pubertierenden klarmachen, daß es weder eine Schmach noch ein Anlaß zum Jammern ist, wenn sie ihre Periode bekommt, sondern ganz im Gegenteil ein Grund zum Feiern.

Die meisten Mädchen haben in der Pubertät eine »beste Freundin«, mit der sie alles besprechen, was ihnen auf dem

Herzen liegt. Solche Beziehungen sind sehr wertvoll, stellt die Züricher Professorin für Psychologie Dr. Verena Kast in ihrem Buch über Frauenfreundschaften fest[1)]: Oftmals sind sie ein gelungenes Modell dafür, wie Menschen insgesamt miteinander umgehen sollten, nämlich achtsam, vertrauens- und verständnisvoll, zärtlich, verläßlich, solidarisch. Die tiefe Freundschaft zur Gleichaltrigen macht Mädchen stärker und hilft ihnen, viele Pubertätsprobleme besser durchzustehen.

Allerdings ist in solchen Beziehungen auch die andere gerade in der Pubertät; das kann die Probleme für beide manchmal verdoppeln. Oder die Freundschaft geht, wie es leider oft passiert, wegen eines Jungen in die Brüche: Plötzlich hat die beste Freundin keine Zeit mehr. Die Zurückgebliebene fühlt sich dann besonders allein, von ihrer engsten Gefährtin verraten. Gerade in solchen Momenten ist eine ältere, erfahrene Frau als Mondpatin sehr wertvoll. Sie kann trösten, stützen, guten Rat geben. Und auch wenn die Beziehung zur besten Freundin vielleicht nicht wieder herzustellen ist, kann sie dem verunsicherten Mädchen doch zeigen: Gute, beständige Freundschaften unter Frauen sind sehr wohl möglich, und sie bereichern das eigene Leben.

Hätte ich mir in der Pubertät eine Mondpatin nach meinem Geschmack aussuchen können, ich hätte sie mir folgendermaßen gewünscht: lustig, aber nicht oberflächlich, ernsthaft, aber nicht trocken-belehrend, spontan und offen, eine aufmerksame Zuhörerin, die stets ein offenes Ohr für mich hat, sich aber nicht auf- und in mein Leben drängt. Eine, bei der ich den ersten Liebeskummer ebenso loswerden kann wie meine Probleme mit der Menstruation und der Sexualität. Die ich respektiere, aber auch mal in Frage stellen darf. Die Fehler und Irrtümer zugeben kann – und es auf diese Weise schafft, daß ich mir selbst meine Fehler und Irrtümer nicht allzu übel nehme. Eine, zu der ich Vertrauen haben kann und die niemals bei den Eltern petzen geht. Eine, die mich aufbaut, wenn ich niedergeschlagen bin, und mir klarmacht, was ich alles kann, gerade weil – und nicht bloß: obwohl! – ich ein Mädchen bin. Die mich toll findet, wie ich bin und mich gebe, und mir behutsam über Geschmacksverirrungen hinweghilft. Die auch selbst mal aus der Rolle fällt, über die Stränge schlägt, sich verrückt anzieht, tanzt, ihr Leben genießt. Eine, die ich gleichzeitig bewundern und auch mal kritisieren kann, ohne daß sie beleidigt reagiert. Eine Frau also, die meine ältere Freundin ist und mir vorlebt, daß es schön und spannend ist, eine Frau zu sein.

Eine lange Wunschliste, und noch dazu eine ganz persönliche, die ausschließlich meinen Idealvorstellungen einer Mondpatin entspricht. Andere Mädchen mögen ganz andere haben. Wer sich ein bißchen umsieht, merkt rasch: Es gibt viele Frauen, die wunderbare Mondpatinnen abgeben können.

Mütter mögen solchen Mondpatenschaften ein wenig skeptisch – und vielleicht auch etwas traurig – gegenüberstehen: Hat die Tochter denn wirklich noch eine andere Vertrauensfrau nötig, neben der eigenen Mutter? Sind wir nicht, trotz aller pubertären Streitigkeiten, die besten Freundinnen? Kann sie nicht mit allen Kümmernissen zu mir kommen? Oder sie fragen sich besorgt: Wie weit mag der Einfluß der Mondpatin gehen – wird sie mir meine Tochter entfremden? Ihr Dinge beibringen, die ich nicht billigen kann, meinen Erziehungsgrundsätzen in die Quere kommen, mit ihr über Dinge sprechen, die meines Erachtens (noch) nicht für die Ohren meiner Tochter bestimmt sind?

Mütterliche Eifersucht dieser Art kann durchaus aufkommen und ist auch nichts Abnormes. Doch wenn Sie sich – Hand aufs Herz! – an Ihre eigene Jugend zurückerinnern, werden Sie zugeben müssen: Selbst wenn Sie zu Ihrer Mutter das allerbeste Verhältnis hatten, gab es doch sicherlich Momente, in denen Sie sich eine außerfamiliäre Vertrauensfrau herbeigewünscht hätten. Nicht, um Ihre Mutter zu kränken oder auf einen zweiten Platz in Ihrem Herzen zu verweisen, sondern vielleicht, um ihr manche unnötigen Sorgen zu ersparen: Viele Probleme und Problemchen klären sich einfach leichter mit einer Außenstehenden – und können dann, wenn sie besser durchdacht oder schon bereinigt sind, auch der Mama erzählt werden. Eine solche Filterfunktion ist manchmal geradezu notwendig, um die Mutter-Tochter-Beziehung zu entlasten.

Nehmen Sie die Mondpatin, die Ihre Tochter sich aussucht, daher nicht als Anlaß zur Eifersucht, sondern betrachten Sie sie als Co-Erzieherin, Lehrerin, Ratgeberin, Begleiterin – nicht nur für Ihre Tochter, sondern auch für sich. Selbst wenn sie in manchen Dingen anders denkt und handelt, als Sie das je tun würden, kann sie Ihre Erziehung doch in vielerlei Hinsicht sinnvoll ergänzen und Ihnen in manchen schwierigen Situationen eine wichtige Hilfe und Unterstützung sein. Vielleicht entsteht so aus einer Mondpatenschaft sogar eine Freundschaft fürs Leben.

Genannte Literatur:

1) Kast, Verena: Die beste Freundin. Was Frauen aneinander haben. Deutscher Taschenbuch Verlag, München 1995.

Danksagung

Viele Menschen haben Anteil daran, daß dieses Buch zustande kam. Für ihren Rat und ihre Hilfe möchte ich folgenden Personen ganz besonders danken:

der Lektorin Sophie von Lenthe, die sich als erste für das Projekt begeisterte; Henriette Zeltner, die es als meine Lektorin beim Deutschen Taschenbuch Verlag aufmerksam und hilfreich begleitete; dem Ethnologen Dr. Gunter Minker, der mich mit völkerkundlicher Literatur versorgte und dem die Aufzeichnung des südäthiopischen Schöpfungsmythos (S. 5) zu verdanken ist; Dr. Judith Schlehe, die mir sehr hilfsbereit ihr (vergriffenes) Buch über Menstruationsriten zur Verfügung stellte; Nina Weinmann vom Schattauer-Verlag, die noch ein Exemplar des (vergriffenen) Werkes von E. Püschel über Menstruationstabus für mich auftrieb; Dr. med. Jürgen Holzmann, der seine Patientinnen nach ihren Menarche-Bräuchen befragte; Luisa Francia, die sich seit langem auf magische Weise mit dem Thema Menstruation auseinandersetzt und der ich viele Einsichten verdanke; meiner Mutter Anni Kraus, die mich so vorurteilsfrei aufzog, wie sie nur konnte, und mir in der Endphase des Schreibens den Rücken freihielt; meinem Lebensgefährten Gianni Scorzelli, der den zahlreichen »Weibergesprächen« zum Thema dieses Buches großes Verständnis und Interesse entgegenbrachte; außerdem Renate Brosch, Karl-Friedrich Schäfer, Roswitha Steinkopf und Cornelia Werhahn, die mir als erste LeserInnen des Manuskripts mit wichtiger konstruktiver Kritik und zusätzlichen Anregungen zur Seite standen.

Mein Dank gilt außerdem den vielen anderen Frauen und heranwachsenden Mädchen, die mir mit Gesprächen zum Thema, Literaturhinweisen, Anmerkungen zum Manuskript und jeder Menge Ermunterungen weiterhalfen und die Arbeit an diesem Buch sehr bereicherten.

Literatur zum Weiterlesen – Pubertät

Arlt, Marianne: Pubertät ist, wenn die Eltern schwierig werden. Tagebuch einer betroffenen Mutter. Herder Verlag, Freiburg – Basel – Wien 1992.

Dolto, Françoise / Dolto-Tolitch, Catherine: Von den Schwierigkeiten, erwachsen zu werden. Verlag Klett-Cotta, Stuttgart 1991.

Düring, Sonja: Wilde und andere Mädchen. Die Pubertät. Kore-Verlag, Freiburg 1993.

Fenwick, Elizabeth / Smith, Dr. Tony: Pubertät. Ein Survival Guide für Eltern und Teenager. Ravensburger Buchverlag 1995.

Helfferich, Cornelia: Jugend, Körper und Geschlecht. Die Suche nach sexueller Identität. (Vor allem für wissenschaftlich Interessierte.) Leske + Budrich, Opladen 1994.

Krauch, Franziska / Kunstmann, Antje: Mädchen. Das Aufklärungsbuch. Verlag Antje Kunstmann, München 1991.

Schneider, Sylvia: Das Mädchenfragebuch. Verlag Ueberreuther, Wien 1992.

Das Buch

Biologie und Binden allein reichen nicht aus, damit junge Mädchen das wichtige Ereignis der ersten Menstruation positiv erleben. Das Thema wird leider in unserer »aufgeklärten« Gesellschaft immer noch tabuisiert. Bei anderen Völkern dagegen war und ist das anders: Riten zu Ehren der zum ersten Mal menstruierenden Mädchen gelten oft als die bedeutsamsten Feste. Auch wir brauchen Rituale, die uns die Bedeutung des weiblichen Zyklus deutlich machen. Die Autorin gibt Anregungen, wie Eltern ihre Tochter auf die Menarche vorbereiten können und welche Feste und Geschenke sich symbolhaft damit verknüpfen lassen. Viele davon haben mit dem Mond zu tun, der seit jeher als Verkörperung des Weiblichen gilt und tatsächlich einen nicht zu unterschätzenden Einfluß auf den Zyklus ausübt. In einen Mondring – nur eine der zahlreichen Geschenkanregungen – läßt sich das Datum der Menarche eingravieren; zugleich ist er ein Symbol der Kraft und Würde. Margaret Minker plädiert für einen selbstbewußten Umgang mit der Menstruation und weiß natürlich auch Rat zu ganz praktischen Fragen wie Hygiene, Monatsbeschwerden und Aufklärung über das organische Geschehen in der Pubertät.

Die Autorin

Margaret Minker, geb. 1948, arbeitet als Medizinjournalistin, Übersetzerin, Herausgeberin und Autorin. Ihre Themenschwerpunkte sind Frauen und Gesundheit, Sexualität, Psychosomatik und Naturheilverfahren. Sie ist Mitglied im »Arbeitskreis Frauengesundheit in Medizin, Psychotherapie und Gesellschaft e.V.«.